Industrial
生産財マーケティング

高嶋克義・南 知惠子――著

Marketing

有 斐 閣
YUHIKAKU

はしがき

　本書は生産財マーケティングを学ぶための教科書である。ビジネス・スクールや企業研修，大学院，大学の専門課程で生産財マーケティングを学ぶ人たち，あるいは生産財マーケティングの知識を必要としている企業の人たちを読者層として想定している。

　生産財事業に携わる人々にとっては，消費財を想定したマーケティング論から学ぶことは少なくないと思われるが，他方で，マーケティングを考えるうえで生産財と消費財との違いを意識する局面も多いと予想される。消費財の場合には，非常に多数で不特定な潜在需要者がいて，その選好をどう分析するか，また彼らのブランド・ロイヤルティを形成するためにどのような活動をすべきかについて関心が集中する傾向がある。それに対して生産財事業では，潜在需要者がそれほど多数ではなく，特定の顧客と継続的な関係を前提としたマーケティング活動が展開されることが多いため，問題意識にギャップが生じるのである。

　それだけに生産財事業に即したマーケティングを学ぶ教科書の必要性は高いと思われる。私たちもこれまでビジネス・スクールでの授業やさまざまな生産財企業のマーケティング研修の機会において，生産財マーケティングの教科書の必要性を感じることが多くあった。また近年は全国各地にビジネス・スクールが開設され，生産財企業からの入学者が増えることにともなって，彼らからの標準的な教科書を求める声は大きくなっていると言えるだろう。

　ただし生産財事業といっても多様な産業があり，業界の慣習や取引慣行の違いが大きいこともあり，生産財事業全般に共通するマーケティング論というものに違和感を覚える人がいるかもしれない。しかし，それは突きつめれば個々の産業別のマーケティング論しか学べないことになり，他産

業で生まれた新しい知見から何も学習できないという問題に陥ることになる。そこで本書では，消費財の場合と対比して生産財のマーケティングにどのような特徴があるのかという課題に加えて，生産財事業の間でどのような特徴の違いがあるのか，またその特徴がどのような条件に由来するのかという課題についても留意して書いている。つまり個々の産業の違いとして説明してしまうと，該当しない業種には役に立たない理論と受けとめられかねないが，条件の違いなら，最初から視野の外に置くことなく，この条件の違いがどのように影響するのかに基づいて，問題を類推して考えることができるものと期待される。

　さて，本書は生産財マーケティングの標準的な教科書をめざすものであるが，海外における生産財マーケティングの教科書は，市場の視点を重視するものと関係の視点を重視するものの2つのタイプに分けることができる。前者は，おもにアメリカの伝統的な「インダストリアル・マーケティング」の流れを汲むもので，生産財の購買行動を理論体系の核としてセグメンテーションやポジショニングを考え，消費財のマーケティング・マネジメント論やマーケティング戦略論の応用という性格が強く現れる傾向がある。そして後者は，とくにヨーロッパを中心とする関係性マーケティングの研究から派生した「ビジネス・マーケティング」の教科書であり，生産財の取引関係をどのように構築するかに最大の関心が置かれている。ただし，誤解のないように付言すれば，前者において近年の関心を受けて関係性への言及があり，後者においても購買行動分析や広告などのマネジメントの議論が挿入されているが，それぞれの比重は明らかに異なっている。

　しかし本書の場合，市場と関係という2つの視点に依拠した説明を同じ程度の比重で盛り込むことをめざしている。市場の視点では，市場を分析し，どのようなマーケティング計画を立てて，その計画実行をどのように管理するのかを考えるマーケティング論が説明される。その一方で関係の視点から，顧客との逐次的な相互作用に焦点を合わせて，それを効果的に実現するためにどのような関係や組織をつくるべきかを考えるマーケティ

ング論が提起されるのである。その意味では，標準的であっても，世界的にも新しいスタイルの教科書になっていると自負している。

　ただし執筆においては，これらの２つの視点をどう組み合わせるかが共著者の間で問題になった。具体的には当初に２案があり，１つは，全体を２部構成にして，市場の視点と関係の視点の理論を分けて記述する方法であり，もう１つは，全体のなかで２つの視点の説明を並行して展開する方法である。

　前者の２部構成のメリットは，生産財マーケティングの理論を学ぶうえで，その体系がわかりやすいことである。しかし検討の末，この方法は採用しなかった。というのは，実務の現場において２種類のマーケティングの違いを意識することは必ずしも有用ではないと判断されたためである。たとえば，新製品開発において，理論的には市場の視点で，市場を分析して需要にあった新製品を開発することと，関係の視点から，顧客から直接，需要情報を収集して，顧客との相互作用のなかで新製品を開発することの２つがある。そして事業によって，このどちらがフィットするかということも言えるが，教科書として見たときに，新製品開発の説明が，違うアプローチで２度も登場するのは，マーケティング論のスムーズな理解を妨げることになると懸念されたのである。

　それゆえ本書では，２つの視点の説明を章ごと使い分けたり，１つの章に２つの視点の説明を並置させたりしている。そのために，マーケティング論としての体系を追いにくくなっていることも予想される。そこで生産財マーケティング論の理論体系に関心のある人は，市場と関係，あるいは拡張志向と関係志向というキーワードに留意して読んでほしい。またこの構成については読者諸氏のご批判を仰ぎ，望ましい生産財マーケティングの教科書のあり方を考えていきたいと思う。

　ところで，本書の構想や執筆においては，さまざまな研究者や企業の方々から多くの指導や助言をいただいている。とくに私たちはともに神戸大学大学院で田村正紀先生（神戸大学名誉教授・大阪産業大学教授）のもと

で学び,現在でもさまざまな機会に温かいご指導をいただいている。この場を借りて心より謝意を表したい。

　最後に,本書出版の必要性を理解し,出版を快諾して下さった有斐閣と,本書の企画・編集にご尽力いただいた同社の尾崎大輔氏に感謝申し上げたい。

　2006 年 10 月

高嶋　克義

南　知恵子

目　次

第1章　生産財マーケティングとは　　1

1　生産財マーケティングの特質 …………………………… 1
　　生産財マーケティング　1
　　生産財の種類　2
2　生産財取引の特徴 ………………………………………… 5
　　合目的性　5
　　継　続　性　6
　　相互依存性　8
　　組　織　性　9
3　生産財マーケティングと消費財マーケティングとの違い …… 10
4　生産財マーケティングの2つの視点——市場と関係 ………… 12
5　生産財マーケティングを学ぶ意味 ……………………… 14
■演習問題（16）

第2章　購買行動を分析する　　17

1　生産財における購買行動分析 …………………………… 17
　　生産財購買行動の特徴　17
　　合目的性と情報処理能力の限界　18
　　継続性による影響　19
　　相互依存性の能力評価　20
　　組織性の考慮　21
2　購買行動分析のフレームワーク ………………………… 22

v

　　　　購買センター　　22

　　　　購買意思決定モデル　　23

　　　　購買状況モデル　　26

　　3　購買意思決定におけるコンフリクト問題 …………………… 27

■演習問題（29）

第3章　市場を分析する　　31

　　1　生産財マーケティングにおける市場分析 …………………… 31
　　2　生産財のマーケティング・リサーチ方法 …………………… 33
　　3　生産財市場のセグメンテーション …………………………… 34

　　　　市場セグメンテーションとは　　34

　　　　生産財の市場セグメンテーションの特徴　　37

　　4　市場セグメンテーションの方法 ……………………………… 38

　　　　デモグラフィック変数による市場セグメンテーション　　38

　　　　行動特性変数によるセグメンテーション　　38

　　　　市場セグメンテーションの多段階アプローチ　　40

　　　　セグメントの実効性　　41

　　　　重要顧客セグメント　　43

■演習問題（45）

第4章　取引関係を構築する　　47

　　1　生産財取引における戦略的パートナーシップ ……………… 47

　　　　戦略的パートナーシップ　　47

　　2　戦略的パートナーシップの経済的メリット ………………… 49

　　　　顧客需要に基づいた製品開発　　49

　　　　低い取引費用　　50

　　　　設備や技術への投資促進　51
　3　信頼関係の構築 ………………………………………… 52
　　　　パーソナルな信頼関係　53
　　　　組織的な信頼関係　53
　4　パートナーシップからネットワークへの展開 ………… 54
■演習問題（57）

第5章　依存関係を管理する　　　　　　　　　　　　59

　1　なぜ儲からないのか ……………………………………… 59
　2　依存関係の発生 ………………………………………… 61
　　　　取引依存度　61
　　　　情報依存度　62
　3　依存関係の影響 ………………………………………… 64
　4　依存のスパイラル ……………………………………… 67
　　　　製品開発における依存のスパイラル　67
　　　　営業活動における依存のスパイラル　69
　5　依存度をめぐる戦略 …………………………………… 71
　　　　依存回避戦略　71
　　　　依存成長戦略　73
　　　　依存形成戦略　75
■演習問題（78）

第6章　顧客に適応する　　　　　　　　　　　　　　79

　1　顧客適応の意味 ………………………………………… 79
　2　カスタマイゼーションと受注生産 …………………… 81
　　　　カスタマイゼーションのレベル　82

　　　　受注生産のレベル　　84
　3　顧客適応の組織的条件 …………………………………… 86
　　　　顧客需要情報の収集能力　　86
　　　　顧客適応のための開発・生産プロセス革新　　88
　4　顧客適応と重要顧客管理 …………………………………… 88
　5　顧客適応戦略と標準化戦略 ………………………………… 90
■演習問題（92）

第7章　新製品を開発する　　93

　1　生産財における新製品開発 ………………………………… 93
　2　新製品開発への資源分配 …………………………………… 94
　　　　製品ライフサイクルとポートフォリオ・マトリックス　　94
　　　　生産財の製品ライフサイクルの特徴　　96
　3　新製品開発のための情報収集 ……………………………… 98
　　　　情報収集のタイプ　　98
　　　　市場ベースの情報収集　　98
　　　　関係ベースの情報収集　　101
　4　新製品開発による優位性構築 ……………………………… 103
　　　　4つ基本戦略　　103
　　　　低価格戦略　　104
　　　　製品開発戦略　　106
　　　　顧客開発戦略　　108
　　　　顧客調整戦略　　110
■演習問題（111）

目　次

第8章　営業体制をつくる　　113

1　生産財の営業活動 …………………………………… 113
　　営業とは　　113
　　営業プロセス　　114
2　営業プロセスを設計する …………………………… 117
　　営業プロセスの問題　　117
　　顧客の需要情報を収集する段階　　117
　　営業管理様式　　118
3　営業組織をつくる …………………………………… 123
　　水平的な組織体制　　123
　　部門間連携　　126
4　営業体制をどうつくるか …………………………… 128
　　関係志向と拡張志向　　128
　　関係志向の営業体制　　130
　　拡張志向の営業体制　　132
5　営業プロセスの革新 ………………………………… 135
　　営業プロセス革新とは　　135
　　改善効果への期待　　138
　　連携効果への期待　　140
■演習問題（145）

第9章　潜在顧客を開拓する　　147

1　生産財の潜在顧客をどうとらえるか ……………… 147
2　営業活動を補完するコミュニケーション手段 …… 149
　　顧客側の選択的な対応行動　　149

ix

　　　　需要者リストの不完全性　　150
　　　　接触困難な部門・階層の存在　　150
　　3　生産財の広告戦略 ………………………………………… 151
　　　　広告の3つの効果　　151
　　　　広告計画を立てる　　152
　　4　セールス・プロモーション活動 ………………………… 154
　　　　ダイレクトメール，カタログ，パンフレット　　155
　　　　展　示　会　　156
　　5　インターネットを用いた潜在顧客の開拓 ……………… 158
　■演習問題（161）

第10章　チャネルを構築する　　163

　　1　生産財のチャネル問題 …………………………………… 163
　　2　チャネルの選択 …………………………………………… 166
　　　　間接流通のメリット　　166
　　　　間接流通のデメリット　　167
　　　　チャネル選択問題　　169
　　3　チャネルにおける物流問題 ……………………………… 172
　　4　サービス・ネットワークの構築 ………………………… 174
　　5　インターネットの利用 …………………………………… 176
　■演習問題（179）

第11章　これからの生産財マーケティング　　181

　　1　生産財マーケティング戦略をめぐる環境変化 ………… 181
　　　　成熟期の生産財マーケティング戦略　　181
　　　　製品のハイテク化とサービス化　　183

　　　　　　　　　　　　　　　　　　　　　　　目　次

　　　市場の国際化　184
　　　情報技術の発達　186
2　関係志向と拡張志向のマーケティング戦略 ················· 188
　　　関係志向のマーケティング戦略　188
　　　拡張志向のマーケティング戦略　189
　　　マルチプル・リレーションシップ戦略　191
3　環境変化と生産財マーケティング論 ······················ 193
　　　関係志向に基づく関係性マーケティング論への展開　193
　　　拡張性志向に基づくビジネス・モデル論への展開　194
■演習問題（196）

参考文献一覧 ─────────────────── 197

索　　引 ─────────────────── 201

───── **Column 一覧** ─────
① 日本 IBM のソリューション・ビジネス（44）
② 資源依存理論（56）
③ 延期‐投機モデル（85）
④ 重要顧客管理の研究（91）
⑤ 日本ベーリンガーインゲルハイムの営業改革（144）
⑥ 東陶機器の「コンタクト 21」（171）
⑦ サプライチェーン・マネジメント（195）

xi

本書のコピー，スキャン，デジタル化等の無断複製は著作権法上での例外を除き禁じられています。本書を代行業者等の第三者に依頼してスキャンやデジタル化することは，たとえ個人や家庭内での利用でも著作権法違反です。

第1章

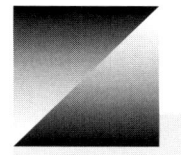

生産財マーケティングとは

1 生産財マーケティングの特質

◆**生産財マーケティング**

　売り手企業が消費者個人ではなく企業・組織を対象に製品（サービスを含む）を販売する場合，顧客の生産活動目的，オフィスなどでの組織的利用，流通業者による再販売目的という3つの目的がある。このうち，生産活動目的と組織的利用の製品需要に対する企業・組織向けのマーケティングを生産財マーケティングと呼ぶ。

　この生産財マーケティングは，ほかにもさまざまな呼び方がなされている。たとえば，産業用ユーザーを対象とするマーケティングということで，インダストリアル・マーケティング（industrial marketing）や産業財マーケティングという用語も広く使われている。また，事業者向けということからビジネス・マーケティングという用語が使われたり，ビジネス・トゥ・ビジネス（事業者間）におけるマーケティングという意味から BtoB マーケティングという用語が使われたりもする。

　これらはその語感やもともとの意味から，多少の強調点の違いがあり，

I

第 1 章　生産財マーケティングとは

図 1-1　企業・組織を対象とするマーケティング

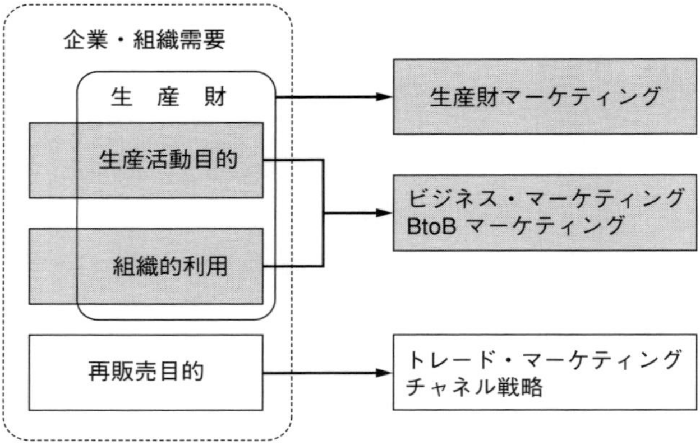

```
┌─ 企業・組織需要 ──────┐
│ ┌─ 生　産　財 ─┐      │
│ │ 生産活動目的 │──────┼──→ 生産財マーケティング
│ │              │      │
│ │ 組織的利用   │──────┼──→ ビジネス・マーケティング
│ └──────────────┘      │    BtoB マーケティング
│                        │
│   再販売目的   ────────┼──→ トレード・マーケティング
│                        │    チャネル戦略
└────────────────────────┘
```

たとえば，ビジネス・マーケティングや BtoB マーケティングという場合には，製薬企業による医療機関向けのマーケティング，保険会社やホテルなどのサービス業者が法人向けに行うマーケティング，飲料・食品メーカーがレストラン向けに行うマーケティングなども含まれ，生産財をおもに想定する生産財マーケティングよりも広い意味をもつことが多い（図 1-1）。

ただし，これらのビジネス・マーケティングや BtoB マーケティングは，企業が顧客となる場合のマーケティングとして基本的に生産財マーケティングと共通の特徴をもつために，これらの違いに留意する必要性はあまりない。むしろ，本書の生産財マーケティングの考え方をこれらの幅広い BtoB（事業者間取引）の問題に適用することが有効である。

◆ **生産財の種類**

生産財は企業の生産活動や組織の業務遂行のために使用される財を指し，部品，原材料，機械・設備などがその代表である。また，物体として形のある有体財ではないが，情報サービスのように顧客に有償で提供されるサービスも生産財に含めることができる。なお，経済統計などでは，部品・

原材料のように生産要素として直接投入される財を「生産財」と呼び，機械・設備などは「資本財」として区別することが一般的であるが，マーケティング論においては，企業・組織向けのマーケティングとしての生産財マーケティングという定義がなされて，その対象となる財ということで生産財がとらえられるために，資本財を含めて生産財という呼称を使うことにする。

生産財マーケティングの想定する最も典型的な取引は，部品，原材料，機械・設備のメーカーが完成品組立メーカーとの間で行う取引であると考えることができる。そのほか，オフィス・コンピュータやオフィス家具のように企業などでの組織的利用として，生産プロセスには用いずオフィスなどで業務を遂行するために購買する場合も生産財として考える。

携帯電話という1つの消費財を取り上げると，携帯電話は，半導体，液晶ドライバー，チップコンデンサー，表示パネル，スイッチ，コネクター，バッテリー，さらにネットワーク・サービスと実に数多くの部品やサービスから成り立っていることがわかる。また，これらの部品を生産するためにも，やはりさまざまな部品や原材料が必要とされる。さらに，携帯電話という製品をつくるメーカーの工場では多くの機械や設備が使われ，携帯電話サービスを提供する企業のオフィスでは，情報通信処理に関わる設備などが利用されている。これらすべてが生産財として総括されるのであり，消費者が携帯電話という消費財を市場において購買する背景には，部品をはじめとするさまざまな生産財の市場が多層的に形成されていることになる。

こうした生産財の製品をその技術的な特性から分類すると，部品，原材料，機械・設備，業務用供給品，サービスとに大きく分類することができる（表1-1）。このうち部品は，半導体や集積回路，スイッチ，小型モーターなどのように顧客の生産する製品の一部として使用されるものである。完成品メーカーにとっては，こういった部品を内製するか，部品メーカーから購入するかの選択肢がある。

第 1 章　生産財マーケティングとは

表 1 - 1　生産財の分類

	部品	原材料	機械・設備	業務用供給品	サービス
購買頻度	高	高	低	高	低〜高
価格帯	低〜中	低〜中	高	低	低〜高
サプライヤーの数	少数〜多数	少数	少数	多数	少数〜多数
カスタマイズの程度	低〜中	低	高	低	高
受注生産の程度	低〜中	低	高	低	高

　次に原材料は，石油や化学品，鉄鋼，非鉄金属などのように精製，圧搾，裁断などの加工によって付加価値がつけられた財であり，規格化された等級やサイズ・量で取引されている。原材料は製品の技術によって競合製品と差別化しにくい傾向があり，その場合に原材料メーカーは，技術的なサポート，配送，発注システムなどにより差別化をはかることになる。たとえば石油を例にとると，顧客が購買先を決める際に品質管理や安定供給といった要素が重視される。

　そして機械・設備は，工場やオフィスなどで使われる機械や設備のことであり，産業用ロボット，工作機械，スーパーコンピュータ，半導体製造装置，計測機器，船舶，航空機，エレベーターなど多様な製品が含まれる。また，建築物や石油精製のためのプラントなどもこれに含まれる。これらの機械・設備の多くは，特定のユーザーのためにカスタマイズされたものであり，減価償却されるべき固定資産として購入される。ただし，フォークリフトや自動車などのように，特定ユーザーのためのカスタマイズをほとんど行わず標準品として取引される製品もある。

　さらに，工場やオフィスの業務を遂行するための業務用供給品として，潤滑油，研磨剤，燃料，オフィス・サプライ用品，清掃用具などがある。これらの製品は生産活動や業務の際に消費されるが，完成品の一部にはならない。これらの業務用供給品の単価は比較的低く，多頻度に少量ずつ購買される傾向にある。また，数量ディスカウントを設定して，年間の購買

契約や他製品との一括契約で購入されることが多い。ただし，どのユーザーも共通のものを利用できる標準品であることが多く，多くの供給業者が存在することになりやすい。そのため迅速な配送や注文のしやすさでしか差別化できないことも多い。

最後に，サービスは，保守サービスのように機械・設備とともに購買されるものもあれば，情報処理や会計業務などのアウトソーシングされたサービス契約のようにサービス単体で購買されるものもある。これらは，人間が行う労働や施設の利用に対して顧客が対価を払うという共通の特徴があり，まったくの無償で提供される「奉仕」という意味の「サービス」とは異なる。また，人間が行う労働としてのサービスの場合には，サービスの品質がその提供者の能力や状況によって多様になるという特徴がある。そのために，サービスを提供する企業では，その品質をいかに管理するかが重要な課題となる。

2 生産財取引の特徴

生産財は企業・組織の生産活動や業務遂行のために使用される財であることに基づいて，生産財取引には，合目的性，継続性，相互依存性，組織性という4つの特徴があると考えられる。

◆合目的性

消費財の場合には，財の購買が消費者個人の生活における必要性に基づいているとは限らず，広告に接することで生じた心理的な欲求に基づいて製品を購入することがしばしばある。それに対し，生産財として取引される財は，企業や組織の生産目的や業務目的のために購買されるため，財の取引は特定の目的に規定されることになる。すなわち，合目的性が生産財取引の第1の特徴として挙げられる。

第 1 章　生産財マーケティングとは

　このことは，生産財を衝動買いしたり，また，広告に対する情緒的な反応によって購買する製品を決めたりするのではなく，利用目的に照らしてきちんと判断して製品を選択するという行動が想定されることを意味している。

　生産財の場合には，購買における製品選択の失敗は，しばしば企業にとって大きな損失を与える。たとえば，部品の調達における選択ミスは，最終完成品の品質に影響を与え，企業にとってブランド・イメージの悪化という重大な損失を与えることが予想される。高価な機械の購入における失敗も，その金額から大きなリスクとして知覚される。たとえ低単価の業務用供給品であっても，その購入量が多ければ，その選択の失敗は企業に損失を与える。また，金額的にはわずかであっても，製品の購買担当者が製品選択において失敗することについて，組織内での評価に関わるリスクを知覚することになる。

　そこで，買い手企業は，生産財購入において，その利用目的が達成可能な製品であるかどうかについて情報を収集し，慎重に意思決定をする傾向が生じる。ただし，購買を担当するのは人間であるために，情報処理能力には限界があり，すべての購買製品について時間をかけて情報収集や意思決定をすることはできない。そのために，この意思決定がつねに合理的とは言えないが，少なくとも，広告やブランドだけで生産財を選択するのではなく，売り手企業の営業担当者から情報を集めることが一般的となる。それゆえに，生産財のマーケティング活動では，広告活動よりも営業活動のほうが効果的という特徴がもたらされるのである。

◆ 継　続　性

　生産財取引では，過去に取引経験のある企業が取引相手として選ばれやすいという特徴がある。消費財でも，ブランド・ロイヤルティやストア・ロイヤルティによって，同じ製品や同じ店舗が選好されることがあるが，生産財では，こうした取引の継続性や反復性が特殊な場合に見られるので

はなく，一般的であるうえに，その理由も異なっている。

　まず，前述の合目的性の追求から，購買担当者は製品選択における失敗を避けようとするが，すべての製品について時間をかけて情報収集や意思決定をすることが無理なため，あまり重要でない製品については，利用経験のある製品や取引実績のある企業の製品を選択することになりやすい。これは，利用経験による製品知識や企業間での信頼関係に基づいて，製品選択の失敗のリスクを回避しようとする行動である。

　さらに，このような保守的な理由だけでなく，積極的な理由で，取引の継続性が顧客によって選択されることも多い。

　第1に，継続的に取引している企業は，取引の経験や保守サービスなどの接触機会も多いために，その企業についての知識が他の企業よりも蓄積されやすい傾向がある。そのため，売り手企業は顧客需要について的確に理解したうえで，新製品を開発する可能性が高くなり，顧客企業は，そうしたニーズにあった製品を提案してもらえるというメリットを評価することになる。

　第2に，取引経験の蓄積から信頼関係が形成されている場合には，取引している企業同士は，目先の利益を追求した交渉上での駆け引きをする可能性が少なくなり，取引における交渉が効率的に行われるという期待がある。これは，交渉において目先の利益を追求するメリットよりも，時間をかけて構築した信頼関係を失うデメリットのほうが大きくなるために，相互の期待を裏切らない行動が選択されることによる。つまり，顧客から見れば，継続的・反復的な取引相手というのは，交渉のコストを削減できるというメリットがある。

　第3に，取引が継続的に維持される場合には，売り手企業は，顧客特定的な技術開発や生産設備への投資を安心してできるようになるために，顧客から見れば，その投資に基づく技術革新，品質向上，コストダウンが期待できることになる。

　したがって，生産財では，これらの経済的なメリットがあるために，取

引の継続性が常態となりやすい。そして，顧客企業が新規の取引相手を選ぶ際も，安定的，継続的に取引ができるかどうかを重視する。それゆえに，海外企業などが国内市場に参入し，取引実績のない企業と新規に取引しようとする際に，取引の継続性が参入障壁の1つとして意識される要因にもなる。

◆相互依存性

 取引の継続性とともに，取引の相互依存性も生産財取引の特徴として挙げられる。この相互依存性とは，製品の開発，生産，サービス活動などが，売り手企業の単独の意思決定によって決まるのではなく，顧客企業がこうした活動の意思決定に関与することを意味している。具体的には，顧客からの何らかの働きかけがあって技術開発がスタートし，顧客の情報に基づいて製品の設計が行われ，顧客からの注文によって生産を開始し，顧客の注文にあわせてサービス活動が展開されるのである。それは，顧客企業の求める製品が特殊なものであることや，顧客企業が差別化された製品を開発しようとして，他社とは異なる部品，原材料，機械・設備を求めることに基づいている。また，ときには顧客企業が，製品開発のための技術供与や開発投資の援助を行ったり，生産管理や品質管理の手法を指導したりすることもある。

 こうした相互依存的な取引のもとでは，需要に関わるニーズ情報と技術に関わるシーズ情報が頻繁に交換され，それらの情報から製品の開発・生産やサービス活動が決定されるため，顧客企業とすれば，生産財メーカーにおけるこれらの活動についての意思決定に部分的に参加していることになる。

 他方で，売り手の生産財メーカーは，こうした顧客の関与に対して，柔軟に対応することが必要になるのである。また，効果的な相互依存性を形成するために，継続的な取引関係や提携関係に基づく企業間のパートナーシップを構築し，いっそうの情報共有ができるようにする努力も払われる。

◆ 組　織　性

　生産財取引における組織性には，購買局面と販売局面との2つの組織性がある。

　購買局面の組織性とは，生産財の購買が，個人の意思決定で行われるのではなく，組織における共同意思決定として行われることを意味している。たとえば，ある企業が電子部品を購買するとき，どのような部品をどこから購買するかという意思決定は，開発部門，生産部門，購買部門などの各担当者とその管理者が関与することが多い。これらの人間が一堂に会する会議を開くわけではないにしても，稟議書を回したり，購買担当者が意見を聞いて回ったりする形で，共同の意思決定をしていることになる。

　このような購買局面での組織性があることに注目し，組織的な購買行動を分析することで，誰にどのような情報をどのような媒体で提供するのかといった広告・販売促進の戦略を考えることができる。

　そして，もう1つの販売局面の組織性とは，営業担当者のみが販売活動を行うのではなく，開発部門や生産部門，顧客サービス部門などの担当者が協力して，組織的に顧客企業にアプローチするという特徴である。この1つの理由は，購買局面における組織性にあり，顧客企業が製品を購買する場合に，価格だけでなく製品の技術やサービスを組織として評価するために，売り手企業も製品技術やサービスについての知識や能力のある担当者が営業活動に関与しなければならないことに基づく。

　もう1つの理由は，相互依存性にあり，顧客企業が製品を購買するとき，開発・生産を完了した製品を買わずに，売り手と買い手とが共同で開発したり，製品の仕様や生産の時期・方法を相談したりすることがあるために，それらの共同意思決定において知識や能力のある開発や生産の担当者が直接，顧客企業の担当者と情報交換をしなければならないからである。つまり，開発部門や生産部門などの担当者が営業担当者と連携して顧客と接触して営業活動を行うことが必要になるのである。

　このように購買局面において職能横断的な連携が形成される一方で，販

第1章 生産財マーケティングとは

図1-2 スクラム型取引

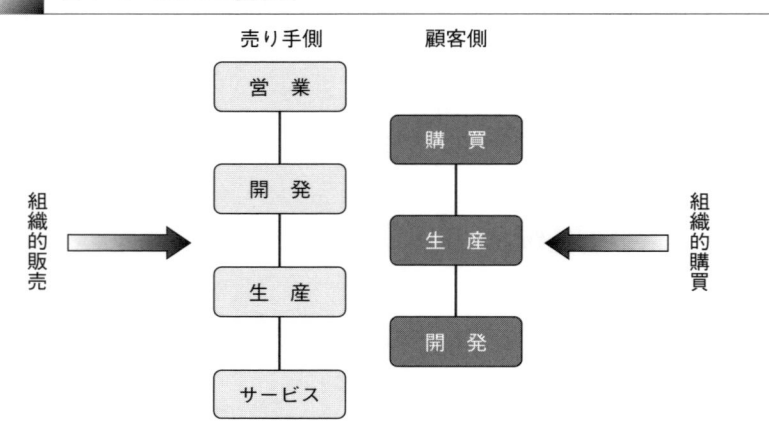

売り手側：営業 — 開発 — 生産 — サービス（組織的販売）
顧客側：購買 — 生産 — 開発（組織的購買）

売局面においても職能横断的な連携が形成され，それらの諸部門が取引相手の諸部門とも対応するというのが，消費財取引にはない生産財特有の特徴であると言える。そして，このような組織性の特徴は，図1-2のように，売り手と買い手とがスクラムを組んで向かい合うというイメージからスクラム型取引ということもできる。

3 生産財マーケティングと消費財マーケティングとの違い

これまで述べてきた取引の特徴から，生産財マーケティング活動と消費財マーケティング活動との基本的な違いを考えることができる。

まず，消費財マーケティング活動のプロセスは，図1-3のように，売り手企業において，①マーケティング部門が不特定多数の消費者市場を分析して，②開発部門が製品開発を行い，③開発された製品を市場で販売するために，価格を決定し，流通チャネルを設定し，広告や販促活動を行うことになる。これらの各ステップは，通常，異なる職能部門や職能担当者

3 生産財マーケティングと消費財マーケティングとの違い

図1-3　生産財マーケティングと消費財マーケティングとの相違

消費財マーケティング活動のプロセス

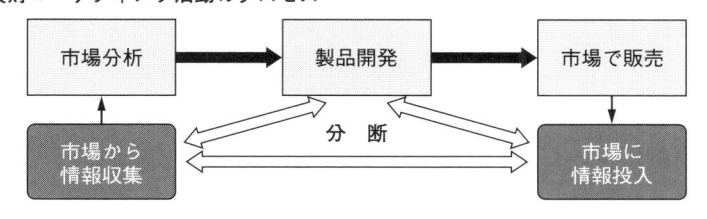

市場分析 → 製品開発 → 市場で販売

市場から情報収集 ⇔ 分　断 ⇔ 市場に情報投入

生産財マーケティング活動のプロセス

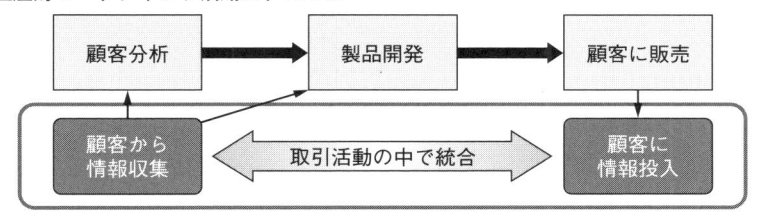

顧客分析 → 製品開発 → 顧客に販売

顧客から情報収集 ⇔ 取引活動の中で統合 ⇔ 顧客に情報投入

が別々の時期に行っており，しかも，相互に情報共有の重要性は認識されていても，それぞれが専門的に作業を進めることが優先されている。たとえば，消費者の潜在需要に関する市場分析の情報は，②を行う開発部門や③を行う営業部門や広告部門にもたらされるが，それから逸脱しないようなコントロールはなされない。むしろ，それぞれの部門が専門性を発揮して，作業を分担しているために，これら一連のプロセスは，明確に分断されていると言えるだろう。

これに対して，生産財取引は合目的性，継続性，相互依存性，組織性という特徴を有するために，生産財マーケティング活動において，このような分断されたプロセスを行うことは有効ではない。合目的性という点において顧客需要から逸脱した開発活動や営業活動というのは考えにくく，継続性に基づき顧客の情報が営業部門にも入ってきており，相互依存性や組織性の観点から，職能横断的な連携が重視されるからである。

そのため，生産財においても顧客の需要分析，製品開発，販売・販促活

動という一連のプロセスがあり，それを中心として遂行する担当部門もあるものの，それらが異なる職能担当者による別々の時期に行われるプロセスにはなりにくく，日々の取引活動のなかでシームレスに統合されて展開されることが多い。たとえば，営業担当者と開発担当者とが顧客企業において，販売するカスタマイズ品の仕様についての打合せをするとき，それは製品開発のプロセスを行っていることになるが，そのときの顧客企業との情報のやりとりは，顧客の需要情報を収集し，分析していると同時に，顧客に販売するための営業活動にもなっているのである。こうしたさまざまなプロセスを包摂して，しかも，それを複数の職能部門担当者が協力して行うところに，生産財マーケティング活動の特徴が現れるのである。

4　生産財マーケティングの2つの視点——市場と関係

　生産財取引の特徴として継続性や相互依存性が抽出されたことからわかるように，生産財マーケティングにおいてはすでに顧客として継続的な取引関係が存在しているという前提において，マーケティング活動や購買がとらえられることになる。そして，個々の案件や取引は，この継続的な取引関係のなかでの一部として見ることも可能である。

　しかし他方で，こうした継続性や相互依存性が消費財取引よりは強いものの，相対的にそれらが希薄な生産財取引も存在する。すなわち，製品の技術的複雑性やカスタマイゼーションの程度により，標準品を多数のサプライヤー企業が競争して販売しており，買い手も取引相手を比較的容易にスイッチするという市場構造も多々存在する。あるいは，既存の継続的な取引関係を続けることにとどまらず，企業としての成長のために新規顧客開拓は必要となるが，その場合には，新規顧客が対象となるために継続性や相互依存性はまだ確保されていない状況にある。また，マクロ的な環境変化により既存の取引関係自体が変容を迫られる局面で，新規顧客開拓が

4 生産財マーケティングの2つの視点——市場と関係

必要な場合がある。

これらの状況を含めて生産財マーケティングとして包括的にとらえるためには，生産財マーケティングの2つの視点として，市場と関係という2つの側面に注目することが重要となる。

この2つの視点は，相反する要素をもつが，企業の活動においては並存している。まずマーケティング活動のターゲットを継続的な取引関係にない新規顧客の企業群に向けるときは，市場へのアプローチをしていることになる。この場合，多数の顧客を対象にすることから，顧客のニーズ分析，顧客層の分析を行うことを出発点とする。ここでは，市場をどうセグメンテーションするか，どの市場セグメントをターゲットとするかが重要性をもつ。自社の製品について，標的とする顧客に情報を伝え，製品をプロモーションしていく手法も重要となるだろう。

それに対して，関係を重視してマーケティングを行う場合は，既存の継続的関係，相互依存的関係に基づいて顧客にアプローチすることになる。限られた数の特定顧客を対象とすることから，当該顧客からどのように需要情報を得るかが重要性をもち，企業間の技術情報や需要情報のやりとりを促進するために，人的な営業活動の役割が大きくなる。

このように生産財マーケティングにおいて，多数の新規顧客を対象とした市場を想定するマーケティングと，特定少数顧客との取引におけるマーケティングとが並存することになる。さらに関係に基づく顧客アプローチにおいても，関係を構築していくこと，構築した関係を維持していくこと，複数の関係をマネジメントすることのそれぞれの領域において，マーケティングの計画と戦略性が求められることになる。

第 1 章　生産財マーケティングとは

5　生産財マーケティングを学ぶ意味

　生産財と一口に言っても，部品，原材料，機械・設備など多様なものが含まれ，しかも，個々の製品や産業の特徴は大きく異なる。たとえば，単価で言えば，1円未満のきわめて低単価の部品がある一方で，何十億，何百億もする巨額な設備や建築物，プラントも生産財になる。部品を組み立てることで生産される製品もあれば，原材料を変化させる装置で生産される製品や人的な労働で生産されるサービスもある。さらに，顧客となる企業・組織が，電力会社や国の機関のように限定される製品もあれば，全国の多数の中小企業である製品もあり，また，顧客ごとにカスタマイズされた製品を販売する場合もあれば，どの顧客にも共通の標準品を販売する場合もある。そして，これらのことは取引様式に影響しやすいために，個々の産業での取引慣行が大きく異なることも指摘される。

　このような生産財の多様性に目を奪われると，特性の異なる多様な生産財について，生産財マーケティングとして総括的にとらえることが難しく感じられるかもしれない。あるいは，業界の特殊性や技術の違いを過度に重視することにより，生産財マーケティングという一般的な理論を許容できなくなる可能性がある。

　しかし，それでは他の産業で発生しているマーケティング問題や新たなマーケティングの取組みから，何も学習できなくなる。顧客が企業・組織であるという共通性をとらえ，業界の特殊性を相対的に考えることにより，他の産業でのマーケティングの経験や知見を活用したり，そこから自産業でのマーケティング問題を分析したりすることは，とても有用なことと考えられる。

　また生産財の場合は，合目的性から，技術や機能によって製品が選択されることが一般的である。そのために製品が売れるか売れないかは，製品

5 生産財マーケティングを学ぶ意味

の技術力で決まるものであり，そこではマーケティングの知識は何ら貢献しないという考え方をもちやすい。消費財の場合には，広告活動やブランド戦略で製品の市場シェアを高めることができるが，生産財では，マーケティング活動の巧拙は重要な意味をもたないと考えてしまうのである。

これは，マーケティング論を広告などのコミュニケーションについての方法論と狭く理解したために生まれる誤解である。製品の販売において技術力が重要としても，その技術力を高めるために，どのような組織が望ましいのか，どの方向に技術力を高めるかを決めるために，どの顧客の情報をいかに収集するかといった問題は，生産財マーケティングの問題として検討されることであり，決して工学的な知識から導かれることではない。つまり，「技術力で決まる」という状況においても，生産財マーケティング論を学ぶことは重要になるのである。

さらに言えば，生産財の営業活動は，顧客との交渉や信頼関係構築において属人的な要素が入り込むため，活動面で泥臭さをともなう。いわゆる「どろどろ」とした営業活動になりやすいために，マーケティング論のような理論的な視点では，現実をとらえられないという認識が生じる場合がある。消費財の場合にも，同様の面があるとしても，他方で，消費者市場を分析したり，製品企画や広告計画を立てたりする局面では，マーケティングの理論が期待されるために，そのような抵抗感は少ないはずである。生産財では，こうしたマーケティング部門のスタッフが行う市場分析の位置づけが弱く，また顧客と相互依存的に決まることが多いために，事前の企画や計画だけで問題をとらえることができず，泥臭い営業活動こそが核心的な問題になりやすいのである。

しかし，生産財マーケティング論では，職能横断的に展開される営業活動を通じた顧客の需要分析やマーケティング計画の逐次的修正，あるいは，顧客との信頼関係の構築を重視するために，生産財マーケティングに特有の営業活動の意味をより正確にとらえる必要がある。つまり，「どろどろ」とした営業活動が，なぜ，どのように行われるのか，その営業活動を通じ

第 1 章　生産財マーケティングとは

てどのように競争優位が形成されるのか，といった問題を考えることが重要となる。その意味で，「どろどろ」ゆえに触れないのではなく，また，泥臭い部分を理論で洗い流してしまうのではなく，その状態の意味や効果から考え直すことが求められる。ここにも生産財マーケティングを学ぶ意味がある。

演 習 問 題

1. 生産財事業を 1 つ取り上げて，その取引の特徴を，合目的性，継続性，相互依存性，組織性の 4 つの視点から説明しなさい。
2. 生産財事業を 1 つ取り上げて，そこでのマーケティング活動の展開における職能横断的な連携を促進させる仕組みについて説明しなさい。
3. 生産財事業を 1 つ取り上げて，その生産財マーケティングの戦略の特徴を，市場と関係という 2 つの視点から説明しなさい。
4. 生産財マーケティング活動の特徴について，業種間でどのような差異があるか考えなさい。
5. 生産財取引や生産財マーケティングの日本的な特徴について，海外企業の事例と比較して説明しなさい。

第2章

購買行動を分析する

1 生産財における購買行動分析

◆生産財購買行動の特徴

　生産財マーケティング戦略を考える場合に，取引における顧客側の行動パターンを知ることがその起点となる。というのは，生産財メーカーは，顧客企業からの開発や生産の注文を受動的に待っているわけではなく，つねに顧客に働きかけて，顧客の需要を開拓する必要があり，どのような働きかけをすべきかを考えるためには，顧客の購買行動を知ることが必要となるからである。

　まず，多数の潜在顧客からなる市場を対象とする場合，生産財マーケティング戦略においては，潜在顧客がある問題を認識してから製品を選択するまでのプロセスを分析することで，潜在顧客とどのようなマーケティング・コミュニケーションをとるべきかを考えることができる。とくに顧客の需要が顕在化しておらず，他方で自社技術のユーザーとなる潜在顧客が市場に多数存在している状況では，潜在顧客に対してどのように問題解決策を伝えるかは重要な課題であり，潜在顧客の購買行動を分析することが

必要となる。

また，継続的な取引を行っている特定顧客への生産財マーケティング戦略を考える場合でも，顧客の取引における意思決定がどのように行われるかを分析することで，継続的な取引状況のもとでどのようなコミュニケーション活動が望ましいのか，競合他社に取引が切り替えられる危険性がどのように発生するかを考えることができる。

さて，購買行動の分析が有用であることは，消費財マーケティングでも同じであるが，前章で述べた生産財取引の特徴から，生産財の購買行動分析においては，以下の4点に留意する必要がある。

◆合目的性と情報処理能力の限界

顧客企業は，生産財をある明確な購買目的をもって，その目的に沿った評価基準で判断して購買する。消費財の場合では，消費者はかならずしも明確な目的をもって購買するとは限らず，店頭販促により衝動的に購買が動機づけられたり，広告によって新製品についての需要が形成されたりする。それに対して生産財の場合は，購買企業の目的にまったく沿わないものは購買意図が形成されないという点がまず前提となる。

そして，生産財の評価基準の中心となるのは，QCD（Quality, Cost, Delivery）と呼ばれる要素である。すなわち，期待される品質のもとで，より低価格に納期を守って安定的に供給されることがまず求められるのである。それに加えて，保守などの顧客サービスも生産財では重視される。これらの条件は，顧客企業の収益に影響するものであるために，つねに重視される基準となる。

ただし，購買において合目的性が重視されるとはいえ，製品選択が完全な合理性をもって行われるわけではない。まず，企業の購買意思決定は，あくまで情報処理能力に限りのある人間が行うものであるために，製品選択において，代替案となる製品リストを完璧に作成し，すべての評価項目のデータを抽出して，それを総合して最善の選択をするということはあり

えない。合目的性を強く意識しながらも，情報収集や判断の手間（コスト）をあまりかけずに意思決定を行うことが一般的である。

そこでは，新たな代替案を検討するコストを避けるために，それまでの購買を習慣的に繰り返すことが発生したり，限られた情報に基づく曖昧な推測や主観的な評価が意思決定に混入したりすることも起こりうる。

さらに言えば，購買意思決定に関与する担当者が，企業組織の別の目的を考慮することも考えられる。たとえば，購買部門の担当者が，組織内の地位を保つために，製品選択における失敗に対して過度に敏感となり，保守的な意思決定を繰り返すことで，企業の成果に悪影響を与えることがある。あるいは，開発部門の担当者が，普及していない新技術の部品を採用するリスクを恐れて，技術革新の競争に乗り遅れる場合もある。これらは，担当者が意識する目的に，組織内での地位保全という別の目的が含まれるために発生する。

このように限られた情報処理能力のもとでの購買行動となるために，生産財においても人間の行動として購買行動を分析する意味がもたらされたり，それゆえに購買行動の多様性や不確実性が生じ，それらへの対応を考えるためにも，購買行動の分析が必要とされたりするのである。

◆ 継続性による影響

生産財取引では，顧客企業が継続的な取引を選択する傾向が強い。それは，製品選択の失敗を回避するという保守的な理由に加えて，第4章で説明するように，顧客需要に基づいた製品開発，低い取引費用，投資の促進といったメリットが認められるからである。

このような継続性を前提に考えると，生産財の購買行動では，前回の取引を評価して，次の取引を行うという反復的な行動としてとらえられる。そこには，他の代替的な製品や取引相手についての情報収集や比較・評価はあまり含まれない。

ただし，生産財の取引が継続的になることを考えると，最初の取引相手

の選択は，むしろ慎重に行われることが予想される。すなわち，品質，価格，納期といった購買の条件だけでなく，アフターフォローの顧客サービスが継続的に行われるのか，取引相手の企業が長期的に存続し，継続的な供給ができるのか，あるいは，その企業が革新的な新製品を提案し続けられるのかといった条件までもが考慮されるのである。こうした条件が満たされるかどうかを事前に予測することは容易ではないが，買い手企業は，これらに関する情報収集に努めることでそのリスクに対処しなければならない。

　他方で，すべての取引が継続的に繰り返されるわけではない。すべての取引が継続的ならば，新規に市場に参入する企業は生まれないことになる。また，近年の日本における系列取引を縮小化する傾向を考えると，生産財取引の継続性は，かつてよりも弱くなっていることが予想される。

　ここで重要なことは，生産財取引は継続性が基本となりながらも，すべてにおいて完全な継続性が追求されているわけではなく，多様なレベルの継続性が存在するということである。そして，そのことから，購買行動にも多様性が生じることになる。すなわち，継続性が強い場合には，比較的単純な再購買の繰り返しになるのに対して，継続性が弱くなるほど，代替案の情報収集や評価の行動が発生しやすくなるのである。

◆相互依存性の能力評価

　生産財取引では，生産された製品をただ販売するだけでなく，その前後に顧客が製品の開発や生産，サービス活動の決定に関与することが多い。とくにカスタマイズ製品のように顧客の需要や注文にあわせて開発・設計をする場合や受注生産のように顧客の注文を受けて生産をはじめる場合が典型的である。

　このような相互依存的な取引を前提とすると，顧客の購買行動は，一般の消費財のように，製品を店頭で見て選択するというパターンとは違ったものになる。すなわち，カスタマイゼーションの程度や受注生産の能力，

顧客サービスの水準というのは，購買の決定において重要な要素であるにもかかわらず，事前の段階に目で見て判断することができないために，事前の情報収集がとくに重要になる。そのような情報は，過去の取引経験から得られる場合もあれば，売り手企業からもたらされる場合もあるが，一連の購買プロセスにおいて，それらの情報を収集して，相互依存的な開発や生産，サービス活動の能力を事前に評価し，取引相手を選択することになるのである。

◆組織性の考慮

生産財取引においては，購買意思決定が，購買部門のみならず，開発部門，生産部門などのさまざまな部門の担当者やその管理者が関与して行われるのが特徴となる。そして，購買に関与する多様な部門や階層の人たちに製品の販促情報を提供することが望ましいが，これらのなかには，営業担当者が接触できる人もいれば，広告やダイレクトメールを通じて情報を提供する以外に接触方法がない人もいる。そのために，それぞれの情報収集パターンを調べることによって，どのような手段で情報を伝えるかを考える必要がある。

しかも，それらの部門では，購買する製品を評価するポイントが少しずつ異なる傾向があり，たとえば，購買部門では，価格を重視するのに対し，その製品を使う生産部門では，品質や納期を重視することが多い。したがって，それぞれの部門において求められているニーズや購買基準を理解したうえで，それぞれの部門の担当者や管理者に，どのような情報を伝えるべきかを考える必要がある。

2 購買行動分析のフレームワーク

これまで説明してきた特徴を有する生産財の購買行動を分析するためには，購買センターや購買状況モデル，購買意思決定プロセス・モデルという理論的フレームワークを用いることが有効である。

◆**購買センター**

生産財の購買意思決定は，企業組織内の複数の構成員によって行われ，個々の担当者の心理や意思を統合する形で共同意思決定がなされるという特徴がある。そこでは合理的な購買意思決定が求められるものの，それぞれの構成員は所属部門の役割や責任から異なる目的をもち，意思決定に関わることになる。

企業には購買部門や資材調達部門のような名称で呼ばれる購買業務に携わる職能部門が公式的には存在することが多い。しかしながら，購買の意思決定に関与するのは，こうした購買部門のみではなく，購買する生産財を生産過程で利用する生産部門やその部品や原材料を使った製品を開発・設計する開発部門などの担当者も関わることになる。また，購買する生産財が高額な機械・設備であったり，情報システムのように企業全体に関わるものであったりする場合には，経営者層も購買意思決定に関与することになる。なお，この関与の仕方も，合議によって意見や要望を伝えたり，その決定に影響力を行使したりするだけでなく，稟議によって承認を与えたり，事前のインフォーマルな形で提案したり反対したりするなど，さまざまなスタイルが考えられる。

いずれの場合においても，売り手企業がある製品についてのマーケティング活動を展開するとき，その製品の購買意思決定に関与する構成員がどこまで広がるか，だれがどのように意思決定に関与するかを知っておくこ

とは重要である。製品の販促情報を伝えられない部門や階層の構成員がいて，彼らがその製品の購買に消極的であれば，その企業での購買のコンセンサスが形成されずに，商談が成立しないことも予想されるからである。

そこで，購買意思決定に影響を及ぼすさまざまな部門や上位階層の構成員を含む仮想のグループを想定した「購買センター」という概念を考え，購買センターを識別し，その構成を分析していくことが重要であるという認識が生まれた。

この購買センターの構成員については，以下のように購買者，使用者，影響者，決定者，ゲートキーパーの5つの役割を識別できる。

購買者：購買の契約業務を遂行する者。

使用者：製品を使用する者。

影響者：製品の専門的な情報や購買の決定基準を意思決定プロセスにもたらす者。

決定者：実質的に製品や取引相手を決定する権限を持つ者。

ゲートキーパー：購買センターに入ってくる外部からの情報を取捨選択する役割を担う者。

したがって，ターゲットとなる企業の購買センターを識別すれば，次に，その購買センターに含まれる各構成員の役割を分析し，その役割に対応した情報をもたらすことを考えて，マーケティング計画を立てることが重要となる。

◆**購買意思決定モデル**

生産財取引において，買い手企業は目的にあわせて，組織的に共同で購買意思決定をしていくが，そのプロセスは購買意思決定モデルとして説明されてきた。図2-1は，ロビンソン＝ファリス＝ウィンド（Robinson, Faris and Wind, 1967）の購買意思決定モデルを表したものであるが，生産財の購買意思決定は，問題認知から製品，サプライヤーの選択，購買から事後評価に至るまでの一連の段階的プロセスとしてとらえられる。各段階

図2-1 購買意思決定プロセス・モデル

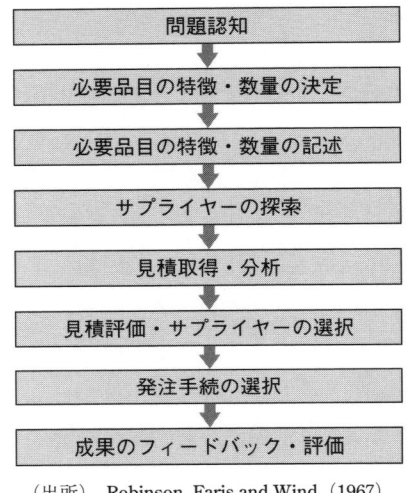

```
問題認知
　↓
必要品目の特徴・数量の決定
　↓
必要品目の特徴・数量の記述
　↓
サプライヤーの探索
　↓
見積取得・分析
　↓
見積評価・サプライヤーの選択
　↓
発注手続の選択
　↓
成果のフィードバック・評価
```

（出所）　Robinson, Faris and Wind（1967）p. 14 の図を加工。

で，代替案を共同で選択し，決定していくというプロセスが生産財の購買行動の特徴となる。

　また，生産財の購買が組織による共同意思決定であることから，個人としての行動と集団としての行動とがどのような関係をもつかについてもこれまで議論されてきた。すなわち，個人の職務達成への動機づけやリスクに対する感じ方，リスク削減動機もそれぞれ異なると予想され，また個人の特性が組織の行動にどのように影響を与えるかが関心を集めてきたのである。

　その代表的な研究として，購買プロセスに参加している個人の心理的状態や意思決定プロセスに焦点を当てたのが，シェス（Sheth, 1973）の購買意思決定モデルである（図2-2参照）。このモデルでは，購買に関わる個々の参加者は，教育や役割志向，生活様式など，それぞれの個人的背景をもつ者と想定されている。また，購買センターを構成する購買担当者，

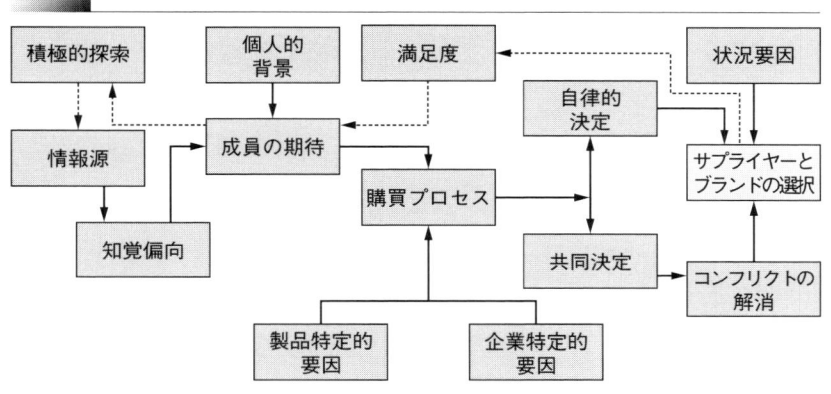

2 購買行動分析のフレームワーク

図2-2 シェスの購買意思決定モデル

(出所) Sheth (1973) p. 51 の図を加工。

技術者，製品の使用者は，それぞれの役割に応じた購買に対する期待をもっている。さらに，企業については，企業の志向，企業規模，中央集権化の程度などの企業特定的要因がある。これらのことがどのように影響を与えているかについてモデル化がなされているのである。

このモデルにおいて意思決定担当者は組織のなかで職務上の影響を受けた個人として想定され，役割期待や職務上の知覚偏向をもった個人同士が，共同して意思決定を行っていくことになる。

一方，ウェブスター＝ウィンド（Webster and Wind, 1972 b）の購買意思決定モデルは，環境的規定因が組織に影響を与え，組織的規定因が購買プロセスに参加する個人へと影響を与え，購買意思決定プロセスを形成していくという段階モデルを想定している（図2-3参照）。そして購買センターの組織的な特徴やタスク，成員の特徴が集団レベルの行動に影響を与え，それらが参加している個人レベルの知覚や行動に影響を与えるというモデルとなっている。

第2章 購買行動を分析する

図2-3 ウェブスター＝ウィンドの購買意思決定モデル

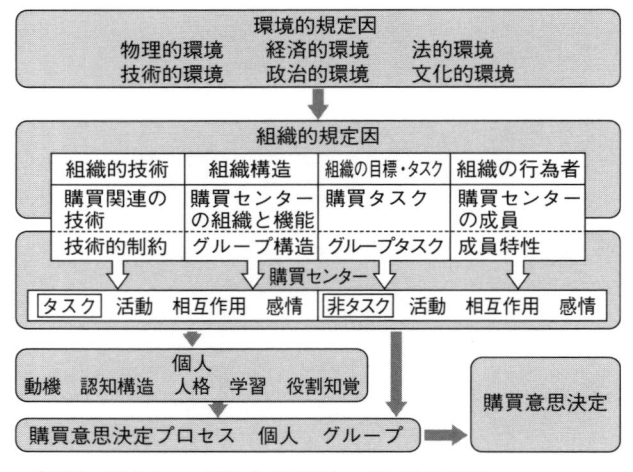

環境的規定因		
物理的環境　経済的環境　法的環境		
技術的環境　政治的環境　文化的環境		

組織的規定因			
組織的技術	組織構造	組織の目標・タスク	組織の行為者
購買関連の技術	購買センターの組織と機能	購買タスク	購買センターの成員
技術的制約	グループ構造	グループタスク	成員特性

購買センター
タスク　活動　相互作用　感情　　非タスク　活動　相互作用　感情

個人
動機　認知構造　人格　学習　役割知覚

購買意思決定プロセス　個人　グループ　→　購買意思決定

（出所）　Webster and Wind（1972 b）p. 15 の図を加工。

◆購買状況モデル

　ロビンソンらが提起した購買プロセスが購買状況の影響を受けることに注目し，購買状況を類型化することで，購買状況による購買プロセスへの影響を説明しようとしたのが，購買状況モデルである。

　この購買状況モデルの最も代表的なものが，「再購買」「修正再購買」「新規購買」の3つの購買類型（バイクラス）で購買タスクの違いをとらえたバイクラス・モデルである。

　再購買とは，同じ調達先からルーチン的に購買を行う場合である。修正再購買の場合は，異なる調達先となる場合もありうる。新規購買は，新しいタスクであり，調達先や製品の選定という段階から購買をはじめることになる。

　再購買と修正再購買の場合は比較的同様の傾向があり，価格と納期に関心が強く，購買部門の影響力が強い。また購買意思決定のスピードも速い。これとは逆に新規購買については，価格，納期といった点よりも，問題解

決の方法に対する関心が高く，購買部門よりも生産部門や開発部門などの技術者からの影響力が大きく，意思決定まで時間がかかるという特徴が指摘されている。

このような特徴から，再購買の場合，問題認知は，足りなくなった製品部品や材料の補填という限定されたものとなり，あらためて製品の仕様決定やサプライヤーの選択というプロセスについて時間をかけて行う必要がないのに対し，新規購買の場合には，問題認知からはじまり，製品仕様の決定やサプライヤーの代替案からの絞り込み，選択など各段階が踏まれ，意思決定に時間がかけられるという購買プロセスの特徴が導かれるのである。

また，購買タスクにより，各段階の相対的な重要性も変化するために，たとえば，新規購買のターゲットをねらう売り手企業は，問題認知などの前半のプロセスに焦点をあわせた情報提供を行うことが求められると言われている。

3 購買意思決定におけるコンフリクト問題

購買センターは異なる部門や複数の階層から構成されているため，構成員の間で，目標や価値基準が異なり，コンフリクトが発生しやすい。たとえば，生産部門は製品が納品されるまでのリードタイムが短いことを重視するのに対し，購買部門はロットをまとめることによる配送コスト削減を重視することが多く，配送のスピードかコストかというトレードオフについてのコンフリクトが見られることになる。

このようなコンフリクトの背景には，各構成員が所属する部門に関わる職務志向の違いがある。すなわち，職務志向の違いが，各構成員の購買意思決定におけるリスクへの態度や購買意思決定を通じて達成される目標の違いをもたらし，代替案の評価基準に影響を与えるために，そのことがコ

第 2 章　購買行動を分析する

ンフリクトの原因となるのである。

　また，売り手企業の営業情報に接触する機会やその情報内容，量などについて，部門間での違いがあることも影響すると考えられる。一般に購買部門は営業情報に接触する頻度が多いと考えられるが，生産財のユーザーである生産部門や開発部門にも営業担当者が接触する機会があるかどうかは状況により多様である。そして，高額な製品の購買における決定者となりやすい経営者層には，営業担当者がなかなか接触できず，営業情報を彼らに伝えることは難しいと言える。

　さらに，構成員の判断基準が出身学校の専門分野や社内教育を反映していたり，普段読んでいる雑誌や新聞の情報による知識の違いが影響したりする場合もある。こうした教育的背景や情報への接触頻度の違いが，購買センターにおける構成員の意思決定行動に影響を与えることになり，その違いがコンフリクトを発生させる原因の1つになるのである。

　このように購買センターにおける共同での購買意思決定プロセスは，それぞれに職務や志向が異なる構成員間のコンセンサス形成プロセスと見ることができる。それゆえ，だれが意思決定に対して権限や影響力をもちうるかといった組織ダイナミクスを知ることが，マーケティング・コミュニケーションの計画を立てるうえで重要となる。

　しかも，購買企業は，製品の技術的な複雑性や新規性が高い状況における不確実性や政治経済的な環境の不確実性に直面しており，製品やサプライヤーの選択について成果の不確実性が高いほど，購買意思決定におけるコンフリクトが問題になりやすい。なぜなら，購買の成果に関する不確実性が高くなるほど，共同意思決定プロセスにおけるコンフリクトが生まれやすく，それを解決するための段階が重要になる一方で，より多くの成員の関与が発生し，調整をますます困難にするからである。

　そして，組織内にコンフリクトが生じた場合の解決方法として代表的なものは，パワー（権力）を行使し，ある決定にしたがわせるという方法がある。このパワーの源泉としては地位によるものと専門性によるものとが

ある。地位によるパワーは，組織内のヒエラルキーで上位にあるということから，上層の構成員が権限に基づいて解決するという場合に用いられる。それに対して専門性によるパワーとは，技術者に決定させるなど，その問題について専門的知識を有する人の意見にしたがい，意思決定をすることである。

また，こうしたパワーを含みながらも，コミュニケーションを通じた調整や交渉によってコンフリクトを解決する方法もある。

これらのコンフリクトの解決方法のうち，どのような方法が組織において選択されるかは，企業がトップダウン型の集権的な組織か，権限委譲の進んだ分権的な組織か，あるいは，職能の専門性を重視した職能制組織かといった組織構造の違いや，コンセンサスや専門性，コミュニケーションに関わる企業文化の違いが影響を与えることになる。

そして，顧客企業のなかでどのようにコンフリクトが起こりうるのかを知り，パワーやコミュニケーションがコンフリクト解決のために，どのように機能しているかを分析することは，マーケティング計画を立てるうえで重要である。組織のなかで相反するリスクを知覚し，購買基準をもちながら意思決定していくプロセスのなかで，どこの部門のだれがパワーをもつのか，あるいはどのようなコミュニケーションにより意思の疎通や調整がなされるのかについて知ることによって，売り手企業が顧客企業に有効にアプローチすることができるようになるからである。

演習問題

1. 自社におけるある特定の生産財購買の事例に基づいて，その購買センターと購買意思決定プロセスを分析しなさい。
2. 生産財事業を1つ取り上げて，その事業のマーケティング戦略が顧客の購買行動と適合しているかどうか検討しなさい。

第2章 購買行動を分析する

3. 購買センターにおいて起こるコンフリクトにはどのようなものがあるか，具体例を挙げて説明しなさい。
4. 調達のグローバル化によって，購買行動はどのように変化するかを説明しなさい。
5. シェスの購買意思決定モデルの考え方とウェブスター＝ウィンドの購買意思決定モデルの考え方における相違について説明しなさい。

第3章

市場を分析する

1 生産財マーケティングにおける市場分析

　前章では個々の企業における購買行動を考えてきたが，そのような購買行動を展開する顧客企業が多数存在するとき，それらの顧客企業全体を市場としてとらえ，その市場を分析することが課題となる。それは潜在顧客が多数存在する状況でとくに重要となる。というのは，自社製品に関心をもつ顧客の所在が確かでない状況において，どのような企業が潜在顧客として存在しているのかを知ることにより，新製品開発や営業活動，広告活動などを有効かつ効率的に展開することができるからである。

　すでに述べたように，生産財取引は継続性や相互依存性という特徴を有しているものの，継続性や相互依存性が相対的に低い状況や，新規の取引先を開拓して，これから継続性や相互依存性を高めていこうとする状況においては，まずこの市場分析が重要となる。なお，対象とする顧客が特定されている状況での関係を構築する戦略問題は，第4章と第5章で扱うことにする。

　さて，生産財は消費財のように不特定多数の顧客を対象とすることは少

第3章 市場を分析する

ないものの,対象とする潜在顧客の数が比較的多い産業がある。たとえば,工作機械はさまざまな産業の工場で使われる製品であり,汎用電子部品も多様な産業の製品に部品として使われている。こうした多数の潜在顧客がいる状況では,取引の継続性や相互依存性が重要であるとしても,既存顧客からの需要だけに応えていては,企業を成長させることは難しい。そこでこれらの産業では,既存顧客との取引を維持・発展させる一方で,新規の顧客を開拓していくことが重要となるのである。

ただし,既存顧客との継続的で相互依存的な取引に基づいて顧客から直接,需要情報を収集するのとは異なり,新規の潜在顧客については,ごく限られた情報しかなく,働きかけてもかならずしも販売成果に結びつかない可能性が高い。それだけに売り手企業は,潜在顧客についての情報を十分に収集・分析して,新製品開発や顧客開拓を進めることが必要になる。

さらに,潜在顧客が多い状況だけでなく,需要者が特定され,顧客も少数である場合では,既存顧客や標的とする顧客のニーズの特徴を相対化してとらえるために市場分析を使うことができる。それは,顧客が特定される状況でも,他の産業における顧客ニーズの特徴やそれに対応するマーケティング戦略と比較することにより,その企業におけるマーケティング戦略を考えることができるためである。

たとえば,市場分析の手法を用いて,特定顧客における自社の製品や技術についての認識や需要の状態を調べることで,より効果的なマーケティング計画を検討することができる。製品や技術の需要については,知名段階,認知段階,購買意図形成段階という段階でとらえることができ,顧客の需要がどの段階にあるかによって,顧客に与えるべき情報が異なってくるからである。つまり,新製品や新技術の存在が認知されているのか,その購買意図が形成されているのか,といった違いに応じて,営業活動において,どのような情報を与えるべきかを考えていくことができるのである。

2 生産財のマーケティング・リサーチ方法

　市場分析のために，通常はさまざまなマーケティング・リサーチ方法がとられる。消費財のマーケティングでは，標的とする消費者層全員にアプローチすることができないため，標本抽出を行い，アンケート調査や少数のターゲットユーザーを選び出し，グループインタビューのような形で，代表性のあるサンプルから情報収集する形でのリサーチが行われる。

　それに対して生産財マーケティングでは，顧客層が限定されている場合が多く，標的とする顧客すべてにアプローチすることが可能な場合もある。また，すでに顧客との取引関係があり，その顧客層にアクセスしている代理店や営業担当者がいる場合も多い。

　そこで，潜在顧客に直接接触できる営業担当者やチャネルが，マーケティング・リサーチの情報源として重視される。とくに営業担当者は潜在顧客と直接接して，顧客の潜在的，顕在的なニーズを収集する機会をもっている。しかしながら潜在顧客の企業は，営業担当者を通じて，自社の技術や開発情報，新製品情報が他社に漏れることを恐れるため，自社の需要情報を営業担当者に積極的に提供するわけではない。それゆえ営業担当者には，顧客企業の抱えている問題の情報を収集する能力が求められる。それは営業担当者の信頼関係を構築する能力や顧客企業の問題を解決する能力に依存するため，これらの営業担当者の能力を向上させることがマーケティング・リサーチ能力を向上させるうえで不可欠となる。そのための1つとして，顧客が求めている情報で顧客が得にくい情報，たとえば，売り手産業における全体的な技術動向などの情報を積極的に提供することで，顧客との信頼関係を構築し，顧客からの情報収集力を高めていく努力が必要となる。

　また，営業活動を通じて収集された顧客情報を営業部門内で蓄積し，デ

ータベースにするということがしばしば行われる。顧客とのコンタクト履歴や得られた情報に基づいて，購買に際してだれがキーパーソンであるのか，どのような情報に反応するのかについての情報が共有されるのである。

ところで，顧客企業は組織的に購買意思決定を行うので，顧客企業の購買センターや購買意思決定プロセスについての情報を顧客の需要情報とともに収集する必要があるが，営業担当者が接触できる部門や階層からの情報収集では，どうしても限界がある。そこで，営業担当者だけでなく開発部門の技術者が顧客の現場でリサーチを行うほか，リサーチ会社による定量的なアンケート調査なども実施される場合がある。このような定量的調査は，潜在顧客における需要の詳細についての情報は得られないものの，売り手企業が接触していない潜在顧客についての市場分析としての意味をもっている。

3 生産財市場のセグメンテーション

◆市場セグメンテーションとは

市場分析を行ううえで有効な手法として，市場セグメンテーションがある。市場セグメンテーションとは，市場をより小さなセグメント（区分）に細分化することであるが，そのような細分化された市場の集合として市場全体を分析すると同時に，1つの細分化された市場に分析を集中させることで，市場分析の精度は高くなるからである。

市場セグメンテーションの基本的な考え方は，製品や営業活動，広告，チャネル，価格といった個々のマーケティング活動の要素に対して，比較的同じように反応する顧客の集合を市場セグメントとしてとらえることである。セグメント内は同質的であるが，セグメント間の差異は大きいことがセグメンテーションを有効に行うための条件である。そして，特定のセグメントを市場機会の選択肢としてとらえ，その識別された市場機会に適

3 生産財市場のセグメンテーション

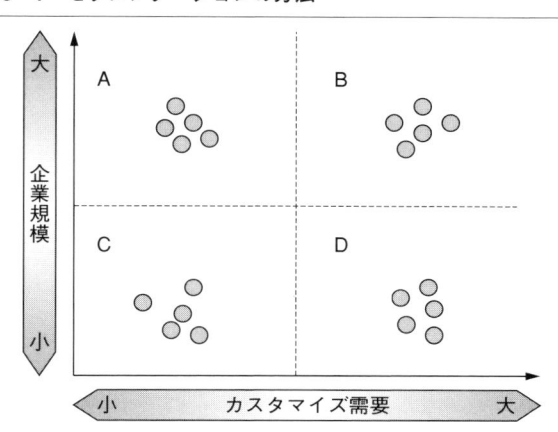

図3-1 セグメンテーションの方法

[図：縦軸「企業規模（大／小）」、横軸「カスタマイズ需要（小／大）」による4象限。左上A、右上B、左下C、右下D]

合したマーケティング戦略を計画し実行することが市場セグメンテーション戦略である。

さて，市場セグメンテーションとは市場を顧客層別に部分集合に分けることと言い換えることができるが，分けるための何らかの基準を必要とする。図3-1は，顧客を企業規模とカスタマイズ需要という2つの変数によって細分化した市場セグメンテーションを示している。たとえば，企業規模が年商1000億円以上か以下か，製品のカスタマイズを強く要求するかどうかというように基準を設定し，それによって顧客市場を分割することが可能である。

そして，図3-1の場合，以下の4つのセグメントが顧客市場に存在することを示している。

　A：企業規模が大きく，カスタマイズを必要としない企業群。
　B：企業規模が大きく，カスタマイズを必要とする企業群。
　C：企業規模が小さく，カスタマイズを必要としない企業群。
　D：企業規模が小さく，カスタマイズを必要とする企業群。

当該企業にとって，AからDの4つのセグメントのうち，それぞれの

第3章 市場を分析する

セグメントに適合した製品戦略を展開し，さらに，それにあわせて，営業方法，広告・販促，チャネル，価格設定をそれぞれ変えるという戦略が可能となる。あるいは自社の資源を考慮してCの市場セグメントのみに特化することや，AとBの企業規模が大きい企業のみを選別し，さらにAとBのセグメントに対してマーケティング活動要素をそれぞれ適合させるという戦略をとったり，あるいは，大企業のみにカスタマイズを提供する戦略で，BとCのセグメントをねらったりすることもできる。

なお，市場セグメントを識別したうえで，すべての市場セグメントを対象としながら，個々のセグメントにあわせたマーケティング活動を並行的に展開する戦略を分化型マーケティング（differentiated marketing）戦略と呼び，すべての市場セグメントをねらわずに1つのセグメントに特化して，そこに適合するマーケティング活動を行う戦略は，単一セグメント集中化（single-segment concentration）戦略と呼ばれる。分化型マーケティング戦略では，複数のセグメントを標的にすることで，より大きな売上を期待することができ，最も強みを発揮できるコアのセグメントで使われる経営資源や組織能力を他のセグメントに向けたマーケティング活動にも援用することができれば，効率的な市場開拓が可能になる。他方で，単一セグメント集中化戦略では，ただ1つのセグメントに標的を絞り込み，マーケティング努力をそこに集中させることで，競争優位を形成することになる。具体的には，製品のラインアップを狭くし，顧客に対して直接的な営業活動を展開することなどである。

また，その中間のターゲットの取り方として，図3-2でAとBというように規模や地域のような顧客層で共通する複数の市場セグメントを対象とする市場専門化（market specialization）戦略や，BとDというように製品やサービスに関わるある特定の需要で共通する複数の市場セグメントを標的とする製品専門化（product specialization）戦略，さらには，BとCというような複数の基準を組み合わせてセグメントを複数選択する選択的専門化（selective specialization）戦略がある。

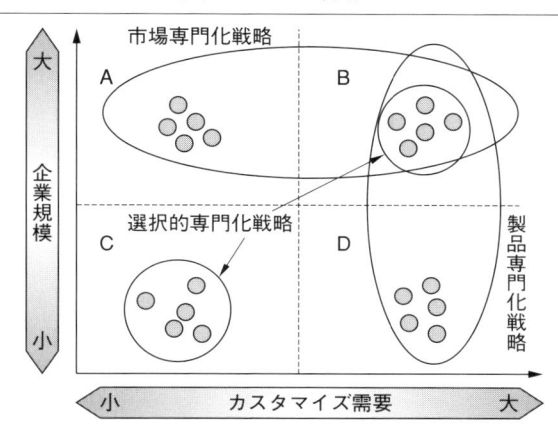

図3-2 さまざまな市場セグメント戦略

（図：縦軸「企業規模 大⇔小」、横軸「カスタマイズ需要 小⇔大」のマトリクス。左上A、右上B（市場専門化戦略）、左下C（選択的専門化戦略）、右下D（製品専門化戦略））

◆生産財の市場セグメンテーションの特徴

　売り手企業にとって，経営資源を有効に配分し，マーケティング活動の効果を高めるという意味で市場セグメンテーションは重要である。生産財マーケティングにおいては，市場セグメンテーションをするということは，顧客企業を選択するということになり，いっそうの注意が払われなければならない。なぜなら生産財企業は，顧客企業との継続的な相互作用のなかで，顧客企業のニーズにコミットし，適応していくことにより，経営資源や組織能力を蓄積していくことが多いからである。さらに，そのことが組織構造や企業戦略に影響を与えていくため，消費財にもまして生産財マーケティングにおいては顧客の選別が重要性をもつ。

　さて，市場セグメントを決める場合に，自社の経営資源や組織能力と市場の特性や成長性について分析したうえで決めることが重要であるが，セグメントのなかで，競合他社と比較した場合の自社のポジショニングを把握することが必要となる。汎用的な部品を扱う場合や，高度にカスタマイズした製品を扱う場合など，生産財の種類，特性により，市場セグメントのなかでサプライヤーの数は異なり，したがって市場での競争状況は異な

る。たとえば汎用的な部品の場合で，製品に技術優位がない状況では，サプライヤーの数も多く，価格の低さや供給の柔軟性において競争上の優位性を求めていくことになる。あるいはカスタマイズされた製品の場合は，顧客との関係が形成されていることが多いため，競争するサプライヤーの数は絞られていることになるが，当該顧客に個別に適応した技術力や開発力が競争優位を形成する源泉となりやすい。すなわち，顧客に与える価値が何であるかを識別したうえで，その価値に基づいたセグメント内でのポジショニングが要請されることになる。

4 市場セグメンテーションの方法

◆デモグラフィック変数による市場セグメンテーション

生産財におけるセグメンテーション基準の考え方として，デモグラフィック変数と呼ばれる変数を基準とする場合と顧客の行動特性変数を基準とする場合とがある。

デモグラフィック変数とは，もともとは人口統計指標を指標とするもので，消費財における消費者の年齢，地域，性別にあたるものである。企業にも人口統計にあたる指標があると考えると，企業規模，地域，業種などが，企業のもつ特性つまり人口統計変数として考慮されることになる。

このデモグラフィック変数の例は，表3-1に示される。デモグラフィック変数を基準とするセグメンテーションは，生産財マーケティングにおいて伝統的に使用されてきたセグメンテーション方法である。とくに企業規模という変数は，セグメンテーションの基準として重要であり，重要顧客であるかどうかの識別はこの変数によってなされることが多い。

◆行動特性変数による市場セグメンテーション

生産財取引において顧客企業では，自社の生産活動や業務遂行という目

表3-1 セグメンテーション基準

デモグラフィック変数	企業規模(従業員数,資本金,売上高) 地域,業種
行動特性変数	購買センター特性(規模,構成) 意思決定プロセス特性(段階,ルーチン的購買-新規購買,コンフリクト解決方法) 購買行動特性(購買基準,集権化,緊急性)

的に沿って継続的に取引を行う。しかもその取引は,売り手企業との相互作用のなかで仕様や製品について決定することが多く,製品の購買については,購買部門,開発部門,生産部門などの複数の部門の担当者が購買意思決定に関与することになる。

このような生産財の購買行動の特徴からセグメンテーションを考える場合には,その購買行動の概念やモデルを利用したセグメンテーションを考えることができる。たとえば,購買センターの考え方から,購買センターの大きさや構成に基づいたセグメンテーションが可能となる。すなわち,購買プロセスにおいて,顧客企業のどの部門が関わるのか,購買する製品のユーザーとして生産部門や開発部門が関わるのかといった基準で,購買行動が同質的な顧客層をとらえ,それらに適合したマーケティング活動を計画するのである。

また,購買意思決定プロセスにおいて,顧客企業が選択肢の検討段階であるのか,発注を意図している段階にあるのかという段階別のセグメンテーションを行ったり,顧客企業がルーチン的な購買であるのか,新規に購買を決定しようとしているのかについて,セグメントを分けたりすれば,それにあわせたマーケティング戦略を適切に計画することができる。

さらに,購買センターにおいて使われるコンフリクト解決方法のタイプによるセグメンテーションも必要になる場合もある。購買意思決定において,たとえば購買部門とユーザーである生産部門との間でコストと品質に

ついて意見の相違が見られるような場合，購買センター内でパワー的に解決されるのか，交渉や調整によって解決されるのかに応じて，経営者層・管理者層にどうアプローチすべきか，コンフリクト解決のためにどのような情報を提供すべきかが規定されるからである。

　そして，購買センターではさまざまなタスクが課されていると想定される。たとえば，グローバルな競争力向上のための生産コスト削減であるとか，新製品開発のスピードアップであるとか，または無在庫購買であるとか，顧客が解決すべき問題に応じてタスクは多様である。これら解くべき問題は，顧客のニーズそのものであるために，それに基づいたセグメンテーションを行うことはとくに重要になる。具体的には，コスト重視であるのか，カスタマイゼーションを重視する企業であるのか，顧客サービスを重視するのか，革新的な技術を選好するのかといった購買行動の傾向に注目するのである。

　そのほか，購買センターの分析から，本部で集中購買するのか，または現場，支店レベルでの購買意思決定を行うのか，迅速に購買を意思決定する必要に迫られているかにより，セグメントを分けて，アプローチ方法を変えることも考えられる。

◆市場セグメンテーションの多段階アプローチ

　生産財マーケティングにおいてセグメンテーション変数を選択する際に，たとえば，まず地域によってセグメンテーションし，その地域内で企業規模によりさらに市場を分割するという方法や，あるいは逆に企業規模で重要顧客を1つのセグメントとして選別し，他の顧客群を地域ごとにセグメンテーションするといった，複数のセグメンテーション変数を組み合わせる方法が一般的に行われている。

　生産財取引が，組織的な購買行動から成り立っていることを考慮すれば，セグメンテーションを2段階で行うときに，企業規模や地域，業種といった伝統的に用いられてきた企業特性変数をもとにマクロ的なセグメンテー

ションを行い，次の段階として，マクロ・セグメント内で同質的な集団をミクロ・セグメントとして，さらに細分化することが可能である。このミクロ・セグメントとしては，購買センターの構成や購買基準などが考えられ，組織的購買の行動特性に基づきセグメンテーションを行うことが推奨される。

さらに3段階目として，購買センターの構成員について，企業ではなく人物のデモグラフィック特性やサイコグラフィック（心理的）特性に注目したセグメンテーションが行われる場合もある。それは，購買センターの構成員について，年齢，職業，学歴，業界での経験などの要因やそれに関連する組織内での役割，組織外での専門に関わるコネクション，報酬，処罰やリスクに対する心理的要素などの基準から，セグメントの識別とその購買行動の特徴を考え，適切なアプローチを検討するのである。

生産財の購買意思決定は，合目的性が高いとはいえ，人間が意思決定に関与するものであり，組織としてコンセンサスを形成しながら決定されるものであるために，こうした個人の特性もマーケティング・コミュニケーションを考えるうえでは重要になるのである。

◆**セグメントの実効性**

通常，市場セグメンテーションの基準として，①計測可能性，②実効性，③行為可能性という条件を満たしていることが必要となる。

計測可能性とは，セグメンテーションをするうえで，細分化する基準の変数が数値としてとらえられるかどうかである。企業規模は従業員数，資本金，年商と数量的に把握しやすいが，顧客の購買行動を基準とする場合においても，たとえばコスト重視や納期重視といったことについて，具体的な数値を基準として設定することは可能である。

次に，実効性とは，セグメントがそれに向けてマーケティング戦略を特化させるだけの十分な規模と収益性があるかどうかである。生産財マーケティングにおいてセグメンテーション変数は，顧客の実質的なグループ化

につながることを意味する。それゆえグループ化されたセグメント自体は，セグメントとして差異があり，そこを標的としてマーケティング戦略を展開しうるのに十分な市場規模がなければならない。

そして，行為可能性とは，抽出されたセグメントに対して，有効なマーケティング計画を関連づけられるかどうかである。セグメント間で識別される特徴の違いは，それに対応するマーケティングのアプローチ，すなわち，固有の製品，営業活動，広告・販促活動，チャネルなどに結びつくものでなければ意味がない。

さて，これらのなかで企業において最も重視されるのが，セグメントの実効性である。選択したセグメントをねらった戦略が売上と利益をもたらさないものであるならば，企業において選択されないからである。

ただし，現時点で，他のセグメントと比較して相対的に規模が小さいセグメントであっても，将来の市場機会をとらえるための技術や顧客の知識を蓄積するうえで重要な場合がしばしば存在する。その場合には，市場セグメントを選択する際に，現時点での市場規模を基準として選択するのではなく，市場の成長性を考慮することが重要性をもつ。

あるいは，ニッチ市場のように市場セグメントが小さく，売上規模が期待できないために大企業が参入しないという状況では，小規模な市場セグメントでも中堅企業にとっては，魅力的な選択肢となる場合もある。

さらに，複数の市場セグメントをねらうときには，相対的に販売額が少ないセグメントであっても，他のセグメントと共通の経営資源を使って，効率的に攻略できる場合もある。

すなわち，実効性の基準から販売可能性が高いセグメントを選択するということは重要であるが，他の市場機会における潜在的な成長性や収益性も考える必要がある。

また実効性において売上高の維持や向上に価値を置くあまり，個々の市場セグメントにおける収益性を過小評価するという状況も発生しやすい。2割の顧客から8割の売上高が達成されるというパレートの法則は経験的

に指摘されてきたことであるが,「優良顧客」と呼ばれる層は,たとえ購買規模が大きくなくても,継続的に購買をすることにより営業コストを削減できること,価格弾力性が低いこと,他の顧客に推奨を行うことなどの理由により,収益性をもたらす顧客であるという認識が高まってきている。顧客が当該企業の顧客である期間にどれだけの収益性をもたらすかは,「顧客生涯価値」という概念で説明されるが,その視点から市場セグメントを評価して,収益性の上がるセグメントであるか否かの分析を行い,セグメントを選別していくことが重要性をもつと言える。

◆ **重要顧客セグメント**

いかなる業界においても,当該企業にとって大きな売上高をもたらしてくれる重要な顧客層が存在することはよく認識されている。一般に重要顧客と言われる層は,売上高をもたらすことにより,経営を安定させる半面,収益性という点においては課題をもたらす傾向にある。概して重要顧客は規模も大きく,業界におけるポジションも大きいために,売り手企業に対して,カスタマイゼーション,品質,価格,納期,サービス,配送等についての要求度が高いという傾向がある。売上高に占める重要顧客の比率が大きい場合は,第5章で述べるように依存関係に基づいて,交渉的に弱い立場に立つことになり,顧客の要求を受け入れがちとなる。特定の顧客仕様に製品面や流通面でカスタマイズの程度を大きくすることはそれだけ高コスト化を招き,収益性の面においては十分な利益が得られない顧客として位置づけられることも多い。

そして,市場セグメントを選択するに際し,重要顧客層と一般顧客層を識別することは重要である。重要顧客は,売上規模も大きく,カスタマイズの要求度が高いという点で,重要顧客に特化したマーケティング・アプローチ,すなわち重要顧客管理と呼ばれるアプローチが必要となり,一般顧客の市場セグメントとは異なる考え方と手法を必要とする。一方,一般顧客層においては,効率的なマーケティング・アプローチを採用するとと

第3章 市場を分析する

> **Column ①　日本 IBM のソリューション・ビジネス**
>
> 　IBMはシステムのダウンサイジング化の波に乗り遅れ，深刻な業績悪化に見舞われるが，1993 年から顧客中心主義の戦略と大胆な事業構造改革とで V 字回復を果たした。とくに日本 IBM は，グローバル IBM に先駆けて，大型汎用機をはじめハードを主力製品とする事業構造からソリューション・ビジネスと呼ばれるサービスを中心とする事業構造へと転換を行った。その転換の基底には徹底したセグメンテーション戦略の採用がある。
>
> 　日本 IBM は市場を Off-the-Rack（単品）市場，Mass Customization 市場，One-of-a-Kind（一品一様）市場の 3 つのセグメントに分けてアプローチしている。このセグメンテーションの基本軸は，顧客の問題を理解し解決することへの要望度と顧客企業の規模という軸になる。
>
> 　**Off-the-Rack** 市場では，標準的なサービスや製品，パッケージを販売する市場として，IBM.com センターと呼ばれる自社内セールス・センターを通じて顧客に販売を展開している。ここでは営業資源をかけずに，営業担当者が顧客企業に出向くかわりに電話を中心とした営業戦略をとり，電話での営業ノウハウを蓄積している。また，**Mass** Customization 市場では，業種特化，ソリューション特化の形でマス・カスタマイゼーションが実現される。
>
> 　そして，One-of-a-Kind 市場では，顧客特化市場として，顧客関係構築と提案力をもとに，共同開発事業などが行われる。この市場では，顧客担当営業，製品／サービス専門職，業種／業務専門職がチームとして顧客の要望に対応する。
>
> 　ソリューション・ビジネスでは，システム構築というサービスのデリバリー（提供）が行われるが，ここで顧客への適応度が行き過ぎて，結果として収益性が損なわれることがないように配慮する必要があった。とくに日本 IBM では契約を境にサービス・デリバリー部門に利益責任が課せられることから，契約締結前に，営業部門の提案書におけるプロジェクト構成と利益率をサービス・デリバリー部門がチェックスする仕組みを設けた。One-of-a-Kind 市場は重要顧客セグメントであるだけに，顧客関係構築が重要な課題となるが，同時に，顧客適応レベルを適正にコントロールすることも重視されているのである。
>
> 　（参考）　南（2005）

もに，一般顧客層を複数の市場セグメントに分けて，顧客グループ単位で対応を変えていく戦略がとられることもある。

さらに，このような重要顧客層と一般顧客層という複数の市場セグメントをポートフォリオとして組んで，いかにマーケティング資源を配分するか，また市場セグメント間でシナジーをいかに形成するかを考えることも重要となる。

演習問題

1. 市場セグメンテーションにおいて課題があると思われる生産財事業を1つ取り上げて，どのような課題があるか，また，どのようなセグメンテーションを行うべきかを説明しなさい。
2. 生産財事業を1つ取り上げて，その顧客市場を企業規模でセグメントし，各セグメントに適したマーケティング戦略の違いについて考えなさい。
3. 重要顧客層をターゲットとして成功した事例を1つ挙げて，そのマーケティング戦略の特徴を説明しなさい。
4. 分化型マーケティング戦略を行っている事例を1つ挙げて，そのマーケティング戦略を分析しなさい。
5. 生産財と消費財における市場セグメンテーションの考え方や方法の違いについて説明しなさい。

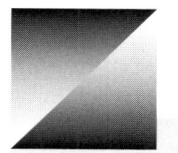

第4章 取引関係を構築する

1 生産財取引における戦略的パートナーシップ

◆戦略的パートナーシップ

　生産財は取引の継続性が1つの特徴となる。部品・原材料では、製品を継続的に生産するために、同じ製品の取引が長期にわたって繰り返されることが多く、そのような継続的で反復的な取引や供給が確保されるかどうかは重要な要素となる。また、機械・設備では、同じ機種の取引は少ないとしても、過去に別の製品で取引した実績があるか、継続的に保守サービスが得られるか、更新の時期に後続の新製品があるかといった、過去と未来に及ぶ長期的な視点での購買の意思決定が行われる。それゆえに、売り手企業である生産財メーカーは、継続性を重視したマーケティング戦略を展開するのである。

　このような反復的な取引や長期的視点での取引は、消費財でも起こりうることであるが、生産財の場合には、単に取引が繰り返されたり、長期的視点で判断されたりするだけでなく、顧客企業が製品の開発や生産にまで関与するという相互依存性の特徴がある。さらに、そのことから売り手と

買い手の双方におけるさまざまな職能部門が機能的に結びついて，いわば企業レベル・事業部レベルで取引に参加するという組織性の特徴がもたらされる。

　このような生産財取引の継続性，相互依存性や組織性という特徴は，生産財の取引が生産目的や業務目的に沿って行われるという合目的性から派生するものであるが，これらは，生産財メーカーが企業レベル・事業部レベルにおいて特定企業との取引関係を戦略的に重視することで明確に現れる。言い換えれば，継続性，相互依存性，組織性は，生産財取引の基本的な特徴であるものの，それらが企業や事業部の戦略において重視されるかどうかによって，その程度は多様になるのである。

　そこで，継続性，相互依存性，組織性が戦略的に高められた状態を戦略的パートナーシップと呼ぶことにする。この戦略的パートナーシップが形成されている状況では，単なる取引慣行として継続的な取引が行われているのではなく，長期的で戦略的な意図をもって積極的に取引の継続性が維持されていると考えることができる。また，製品を販売・購買するだけの取引ではなく，顧客の問題を共同で解決するためにさまざまな職能部門が有機的に結びついているのである。

　他方で，生産財において戦略的なパートナーシップがあまり形成されない産業や状況も存在する。典型的には，多数の潜在顧客に対して，汎用品の販売を行う場合では，相互依存性や販売側の職能横断的な対応が少なくなるため，こうした戦略的パートナーシップの必要性は小さいと考えられる。その意味で，相互依存性や組織性を含んだ意味での顧客とのパートナーシップというのは，つねに最善の目標とされるものではなく，戦略的に選択される目標と考えることができる。

2 戦略的パートナーシップの経済的メリット

　戦略的パートナーシップは，売り手企業と買い手企業の双方が，それによる経済的なメリットを知覚して形成されるものである。言い換えれば，売り手企業である生産財メーカーが一方的に努力しても，買い手企業に経済的なメリットがもたらされないならば，顧客側からの相互依存的で組織的なコミットメントは確保されないことになる。そして，この経済的メリットについては，次の3つが期待される。

◆**顧客需要に基づいた製品開発**
　メーカーにとって，長期的視点に立つ技術開発から製品を市場に投入するまでの製品開発プロセスには，通常，技術開発や製品開発が成功するかどうかという開発のリスクと開発した製品が市場に受け入れられるかどうかという市場のリスクが存在する。
　ここで継続的な関係を通じて顧客がはじめから特定され，顧客のユーザー部門との接触を通じて顧客の需要情報が比較的早い段階で売り手企業の開発部門に共有されるならば，後者の市場リスクは回避されることになる。顧客の需要情報を顧客のユーザー部門から直接取得して製品を開発するために，製品の開発後に実際の顧客需要とあわずに売れないという事態が避けられるからである。
　しかも，顧客から需要情報を早い段階で入手でき，市場リスクが小さいために，販売予測やそれに基づく意思決定に時間をかける必要がなく，開発にいち早く着手することができ，それだけ競合他社よりも早く製品を出すことができる。
　このことは，製品開発を低リスク・低コストで，しかも迅速に進められることから，売り手企業の技術的な競争優位を形成する基盤となるが，他

方で，顧客にとっても，自らの解決すべき問題を適切にとらえた製品を効率的，かつ迅速に開発してもらえるというメリットがある。

たとえば，部品メーカーと組立メーカーのそれぞれの開発部門が情報を共有し，共同で新しい部品を開発することにより，組立メーカーは，自らの新製品のコンセプトに適合した革新的な技術をもつ部品をいち早く取り入れることができ，さらにその部品の革新性に基づいた新製品戦略を展開することも可能となる。

◆低い取引費用

取引費用とは，取引における支払い以外に必要となる費用，たとえば，取引相手を探索する費用や相手が契約を履行するかどうかを監視する費用のことである。

もともと取引においては，売り手は高く販売しようとし，買い手は安く購買しようとするインセンティブが働いているため，売り手と買い手との間で情報の偏りがある状況では，相手よりも自らに有利な状況を作り出し，有利な取引条件を引き出そうとする駆け引きが予想される。このような駆け引きは機会主義的な行動と呼ばれるが，これが取引費用を大きくするのである。

そして，パートナーシップが形成されている状況では，取引費用の観点からみると，取引先と交渉し，契約履行を監視する費用が節約されていることになる。具体的には，製品開発や営業活動における交渉において，売り手と買い手がともに目先の利益を追求することによる駆け引きが少なくなっているために，調整や交渉が時間や人手をかけずに効率的に行われるのである。

顧客企業にとっては，自社の生産活動に必要な製品を継続的に生産してもらう必要があり，製品の品質が管理されていることや，納期が遵守され，安定的な供給が行われること，不測の事態には迅速に対応してもらうことなど，要請すべき点が多々ある。これらの条件が確保されるかどうか事前

に調査し，それらをすべて契約に織り込み，契約履行について監視する取引費用を考えるならば，パートナーシップを形成している取引相手から製品を購買するほうが経済合理性において優れているということになる。

売り手企業にしても，新規の顧客を見つけ出し，優秀で駆け引き上手な営業担当者に交渉させ，顧客の信用能力を調査することに経営資源を割くよりも，同じ販売先との継続的な取引関係を維持しているほうがコストを削減できることになる。

しかも，このような形で双方の機会主義的な行動が抑えられているために，交渉における駆け引きに気を取られることなく，双方の開発部門や生産部門の技術者たちが，相互に情報を共有できるようになる。もし，パートナーシップが形成されていない状況で，このような技術者による相互依存的な共同作業を行おうとすれば，事前に問題が起きないような契約を締結し，その履行を監視するための取引費用は膨大なものになるはずである。

◆設備や技術への投資促進

取引関係が継続的でない状況では，売り手企業である生産財メーカーは，顧客企業との取引が競合企業によって代替される危険性をつねに強く意識しなければならない。そのような状況では，他の顧客に販売する製品に転用できない生産ラインや技術開発に投資を行うことについては，どうしても慎重にならざるをえない。

ところが，パートナーシップが形成されている場合には，取引関係が長期的に維持されるという期待が高くなるために，顧客特定的な生産設備や技術開発への投資が，比較的安心してできるようになる。この状況のとき，売り手企業は，生産設備や技術開発に積極的に投資することが可能となり，コストダウンや品質・技術の向上がもたらされ，ますます競合企業に対する競争優位を確かなものとする。また，顧客企業にとっては，需要に応えるカスタマイズされた製品を安定的に供給してもらうことで，顧客企業における製品の生産を円滑に進めることができるうえに，革新的な技術をサ

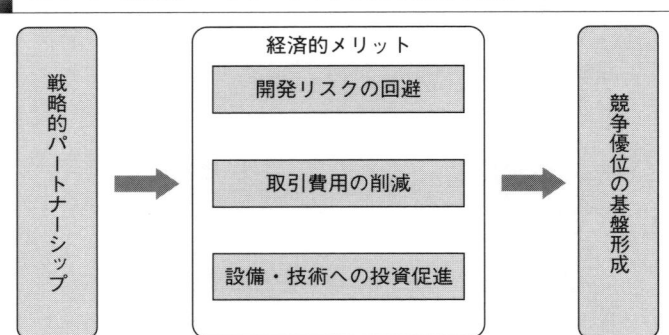

図4-1 戦略的パートナーシップと競争優位の形成

戦略的パートナーシップ → 経済的メリット（開発リスクの回避／取引費用の削減／設備・技術への投資促進） → 競争優位の基盤形成

プライヤーから排他的に提案してもらうことで，顧客企業の技術的な競争優位を確保できるのである。

取引関係が安定化することは，いわゆる「ぬるま湯」状態となって，コストダウンや技術革新への意欲が低下すると考えがちであるが，戦略的なパートナーシップが，生産設備や技術開発への投資の障害を取り除くことによって，むしろコストダウンや技術革新を促進する条件となるのである。

3 信頼関係の構築

生産財取引における戦略的パートナーシップは，売り手企業と買い手企業との間の相互作用的で組織的な連帯の状態を表すものであるが，その中核には信頼関係という心理的な相互期待の関係が形成されなければならない。そして，この信頼関係の構築には，パーソナルなレベルと組織的なレベルとの2つの局面がある。つまり顧客の立場で言えば，営業担当者に対するパーソナルな信頼関係と企業の問題解決能力に対する組織的な信頼関係という2種類の信頼関係が識別されることになる。

◆パーソナルな信頼関係

　まず，営業担当者と顧客側の担当者とのパーソナルな信頼関係を考えてみよう。営業担当者の役割の1つは，顧客企業側が潜在的に何を需要しているかを情報収集することにある。すなわち，顧客企業が，現在どのような問題を抱えているのか，あるいは，どのような製品を開発しようとしているのかを潜在需要の情報として得ることが求められる。しかしながら顧客側は，競合他社に今後の製品開発の計画が漏れる心配から，潜在需要の情報について営業担当者にオープンにできないという事情がある。また，顧客企業が抱える問題が切迫した問題であることが売り手企業に知れると，売り手企業が機会主義的な行動をとり，取引交渉において不利になる可能性もある。

　そこで，情報を漏洩しない，もしくは情報を得ても機会主義的な行動をとらないという意味でのパーソナルな信頼関係のある営業担当者に限定して，顧客企業は，解決すべき問題や製品開発の計画についての情報を開示し，問題解決を提案してもらうということが現実的な選択になる。この場合のパーソナルな信頼関係は，営業担当者の誠実さといった人格的側面やそれまでの接触に基づく人間関係に基づくものである。

　こうしたパーソナルな信頼関係は，取引費用を引き下げるとともに，製品開発における潜在的な需要情報を収集することに寄与する。他方で顧客企業の担当者や経営者への信頼関係は，売り手企業の投資を促す要因になる。

◆組織的な信頼関係

　組織的な信頼関係とは，顧客側の期待に応えられるだけの問題解決能力が売り手企業にあるという意味での信頼関係である。顧客の需要に対して売り手企業が迅速で効果的な製品開発を行う能力があり，つねに顧客の期待に応えているならば，顧客はその売り手企業に対して，その問題解決能力に信頼を寄せることになる。たとえ，営業担当者が誠実で偽りを言わな

い人間であったとしても,開発部門や生産部門との連携をとることができないために,顧客の技術的な問題を解決できない場合には,パーソナルな信頼関係があるとしても組織的な信頼関係は形成されないのである。

そこで,営業担当者だけでなく,開発担当者などの他の部門の担当者を適切に巻き込むことにより組織的な対応をすることができれば,その問題解決能力に対する期待から,顧客企業が潜在的な需要情報を開示すると予想される。売り手企業は,こうした組織的な信頼関係を構築するために,開発担当者を特定顧客の専属にしたり,顧客企業に常駐させたり,あるいは,大量の技術者を派遣して,その規模で能力や関与の大きさを示したりすることにより,顧客への高い問題解決能力をわかりやすい形で示すことが重要となる。

さらに,こうした問題解決の実績を蓄積することができれば,顧客はますますその企業の問題解決能力への期待が大きくなり,組織的な信頼関係が強化されることになる。その意味で,組織的な問題解決が実現すれば,それが実績となって組織的な信頼関係が強化され,それに基づいて売り手と買い手との情報共有が進むために,ますます問題解決の能力が高まると期待されるのである。このサイクルは,顧客の需要情報に基づく製品開発能力を高めるとともに,売り手企業の投資を促進させることをもたらす。また,こうしたサイクルのもとでは,機会主義的な行動によって,それまでの実績を無にすることを避けようとするために,取引費用も低くなると予想される。

4 パートナーシップからネットワークへの展開

生産財取引における戦略的パートナーシップは,売り手と買い手とのダイアディックな関係(dyadic relationship:二者間の関係)を想定する。それに対して,このようなダイアディックな関係をいくつもつなぎ合わせた関

4 パートナーシップからネットワークへの展開

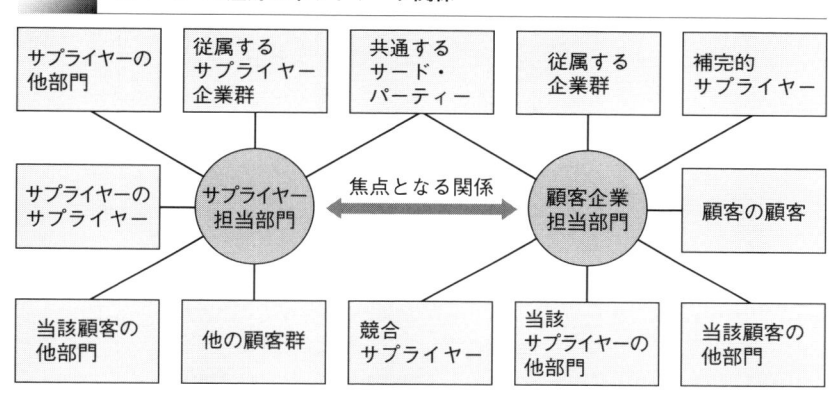

図4-2 生産財のネットワーク関係

```
┌─────────┐ ┌─────────┐ ┌─────────┐   ┌─────────┐ ┌─────────┐
│サプライヤーの│ │従属する  │ │共通する  │   │従属する  │ │補完的   │
│他部門    │ │サプライヤー│ │サード・  │   │企業群   │ │サプライヤー│
│         │ │企業群    │ │パーティー │   │        │ │        │
└─────────┘ └─────────┘ └─────────┘   └─────────┘ └─────────┘
        \       |       /                 \       |       /
┌─────────┐   ╱─────────╲   焦点となる関係   ╱─────────╲   ┌─────────┐
│サプライヤーの│──│サプライヤー│ ←─────────→  │顧客企業  │──│顧客の顧客 │
│サプライヤー │   │担当部門  │              │担当部門  │   │        │
└─────────┘   ╲─────────╱                ╲─────────╱   └─────────┘
        /       |       \                 /       |       \
┌─────────┐ ┌─────────┐ ┌─────────┐   ┌─────────┐ ┌─────────┐
│当該顧客の │ │他の顧客群 │ │競合    │   │当該    │ │当該顧客の │
│他部門    │ │         │ │サプライヤー│   │サプライヤーの│ │他部門   │
│         │ │         │ │        │   │他部門   │ │        │
└─────────┘ └─────────┘ └─────────┘   └─────────┘ └─────────┘
```

(出所) Anderson, Håkansson and Johnson (1994) p.3.

係の状態は，ネットワーク関係と呼ばれる。たとえば，自動車産業を見た場合に，自動車メーカーと部品メーカーとの関係，部品メーカーと部品用材料メーカーとの関係，自動車メーカーとディーラーとの関係というように，いくつもの取引関係がつながり，ネットワークの形態をとっている。ここで部品メーカーとディーラーとは直接の取引関係になくても，自動車メーカーを介して間接的に関係を有していることになる。

このような状況において組立メーカーと部品のサプライヤー，組立メーカーとディーラーといった1つひとつの関係は，売り手と買い手とのダイアディックな関係とみなされ，ネットワーク関係とは，個々のダイアディックな関係の全体のつながりとしてとらえられる。そして，個々のダイアディック関係はネットワークのなかに埋め込まれ，他の関係から少なからぬ影響を受けることになる。たとえば自動車メーカーが特定の部品メーカーとの取引関係をやめてしまうならば，その部品メーカーと取引関係にある部品用材料メーカーは取引先を失うことになる。また自動車メーカーが，これまで取引を行っていなかった海外の部品メーカーから供給を受けることになれば，ネットワークの構成が国際的に変化することになる。

第 4 章　取引関係を構築する

> **Column ②　資源依存理論**
>
> 　企業間における相互依存性を説明するのに，資源依存理論と呼ばれる理論枠組みがある。これは，フェッファー＝サランシック（Pfeffer and Salancik, 1978）らによって提唱され，企業は本来的に他者へ資源を依存せずに存在しえないことと，不確実性を削減するため企業間で資源の相互依存関係が形成されることを説明するものである。
>
> 　「資源依存」という視点においては，組織はネットワーク化されたオープン・システムとしてとらえられる。組織の行動や選択は資源をめぐる諸関係のうちに埋め込まれたものであり，組織間の関係は資源を相互に依存する関係として理解される。企業は 1 社では存在しえず，自ら保有していない資源や能力を獲得するために，ネットワーク内の他の組織と関係をもつことになる。
>
> 　生産財の取引についても，売り手企業，買い手企業，提携企業同士が相互に依存し合う諸関係が連結し，ネットワーク構造をもつものとしてとらえられる。このネットワーク関係において，資源は組織を連結させるものとして考えられる。
>
> 　たとえば顧客メーカーの視点に立つと，各部品メーカーのもつ専門的技術は入手したい資源であり，部品メーカー側からすれば，顧客メーカーの要求する品質水準や JIT（ジャスト・イン・タイム）などの生産管理についての考え方などを学習することにより無形の資源を獲得することになる。
>
> 　ここでは各企業は自社のみで存在していくことが不可能であり，企業間のネットワークのなかで資源を補完し合いながら事業を展開すると想定される。そして，各企業との関係を継続していく誘因は，取引関係のネットワークのなかで保有されている資源に依存することや資源を獲得することとして考えられるのである。

　このようにパートナーシップをネットワークに広げて考えることで，あるパートナーシップが別のパートナーシップに影響を与える状態を理解することができる。とくに，ネットワークの構成の中で，個々のパートナーシップにおける競争関係や補完関係がどのように影響するのかを考えることは，環境変化のなかで取引関係を見直したり，新たに構築したりする場

合に重要性をもつ。

演習問題

1. 生産財取引において戦略的パートナーシップが形成されやすい条件を考えなさい。
2. 企業間取引における戦略的パートナーシップが形成されている具体的な事例を挙げ，その戦略性について分析しなさい。
3. パーソナルな信頼関係を組織としていかに管理すべきか，その方策について考えなさい。
4. 組織的な信頼関係をいかに強化すべきか，その方策について考えなさい。
5. 企業間ネットワーク関係の構成が大きく変わった産業の事例を1つ挙げて，どのような環境変化が影響したのかを説明しなさい。

第5章

依存関係を管理する

1 なぜ儲からないのか

　前章で説明したように戦略的パートナーシップには，①顧客需要に基づいた迅速で低リスクの製品開発，②低い取引費用，③技術や生産設備への投資の促進という3つの経済的なメリットが売り手と買い手の双方において期待される。

　そしてこれらの経済的なメリットを得るために，売り手と買い手の企業はお互いに戦略的パートナーシップを形成しようと努力するのである。しかも，強固なパートナーシップが形成されると，ますます顧客のニーズにより適合した製品が開発され，営業活動や調達活動のコストも節約され，技術や生産設備への投資も円滑に行われて，技術力や供給力においても他を寄せつけない地位を築くことができるようになる。さらにこれらの優位性から，関係はますます安定的になるはずである。こうした好循環が形成されると，売り手と買い手の双方の競争力は強化されることになり，競合企業がそのパートナーシップに割って入ることは難しくなる。

　こうしたことは，一般的にwin-winの関係を築くこととして説明され

第5章　依存関係を管理する

る現象であるが，戦略的パートナーシップがその経済的なメリットに基づいて強い競争力をもたらすならば，長期的で相互作用を含む取引関係を志向する日本の企業は，その競争力によって，高い利益率を確保していなければならない。競合企業がなかなか参入できないような差別的優位性を確保しているとすれば，価格競争の脅威をある程度免れて高利潤を上げられるはずだからである。

しかし，残念ながら取引相手と戦略的パートナーシップを形成している日本の多くの企業が高い利益率を上げているという証拠はない。むしろ，取引先との間で長期的な関係を形成してきた下請け企業（協力メーカー）は，確かに，顧客適応的な製品開発や低い取引費用，そして顧客にあわせた設備投資をしてきたものの，低い利益率で操業しているのが現実だろう。

この「なぜ儲からないのか」という素朴な疑問は，戦略的パートナーシップにおける win-win の関係に成果がともなっていない証左と言えるだろう。また下請け企業の問題に加えて，近年の日本おける系列取引の見直しのようにパートナーシップをむしろ縮小しようとする傾向をどう考えるべきかという問題もある。パートナーシップによって双方にメリットがもたらされるならば，それを強化するどころか縮小する必要はないはずだからである。

ここで予想されることは，顧客とのパートナーシップを構築しようとするとき，前述のような経済的なメリットが期待される反面，成果に対するデメリットが副作用として発生し，メリットを相殺してしまうことである。そしてこのデメリットとは，顧客への依存度上昇による利益の圧縮である。すなわち，顧客とのパートナーシップをつくろうとすると，顧客との取引において差別的な優位性が形成される反面，どうしても顧客への依存度が高まるために，利益が抑えられてしまうのである。それゆえに，パートナーシップを縮小しても依存度を管理しようとする動きが出てくるのである。

2 依存関係の発生

　生産財の取引関係における依存度には，取引額において特定顧客への相対的な依存の大きさを表す「取引依存度」と，技術などの情報において特定顧客への相対的な依存の大きさを表す「情報依存度」との2つがある。

◆取引依存度

　取引依存度は，ある売り手企業が，製品取引において特定顧客に依存する程度（販売依存度）に比例し，その顧客によって依存される程度（購買依存度）に反比例すると考えることができる。すなわち取引において顧客への依存が強いほど，また顧客からの依存が弱いほど，顧客への取引依存度が高いと考えるのである。そして取引依存度が高いときには，顧客の交渉力が大きくなるのである。

　たとえば，図5-1のように部品メーカーA社と完成品メーカーQ社との取引で説明すると，次のようになる。完成品メーカーQ社が大企業で，部品メーカーA社の生産する部品の大半が完成品メーカーQ社に販売される状況では，部品メーカーA社の完成品メーカーQ社への販売依存度が高いということになる。さらにその部品産業は競合する部品メーカーが多数あり，完成品メーカーQ社が容易に他の部品メーカーに取引を切り替えることができる状況では，完成品メーカーQ社による部品メーカーA社への購買依存度が低いことになる。そして，これら2つの状況はいずれも部品メーカーA社の完成品メーカーQ社への取引依存度が高いことを規定するために，完成品メーカーQ社の部品メーカーA社に対する交渉力が強くなり，部品メーカーA社に対するコストダウンなどの要求が厳しくなりやすいのである。

　ただし，ここで注意しなければならないことは，この取引依存度は，企

第5章　依存関係を管理する

図5-1　販売依存度と購買依存度の関係

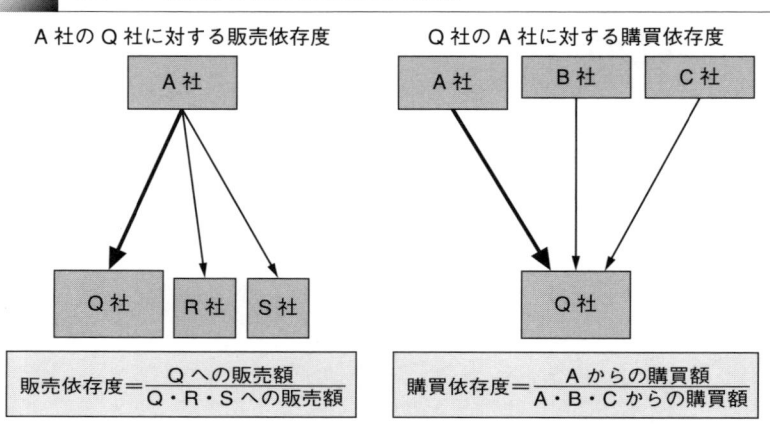

A社のQ社に対する販売依存度

A社 → Q社, R社, S社

$$販売依存度 = \frac{Qへの販売額}{Q \cdot R \cdot Sへの販売額}$$

Q社のA社に対する購買依存度

A社, B社, C社 → Q社

$$購買依存度 = \frac{Aからの購買額}{A \cdot B \cdot Cからの購買額}$$

業の大きさによって決まるものではなく，取引の比重で決まるということである。つまり，中小企業が大企業に販売する状況であっても，大企業がつねに高い交渉力をもつとは限らず，特定の部品について代替のメーカーが世界に存在しない状況では，その部品メーカーの企業規模が小さくても，顧客企業への取引依存度は高くならないこともある。

　さて，特定顧客への取引依存度が高いとき，顧客が取引において不利な交渉条件を要求しやすくなるが，それを回避するためには，その顧客への取引依存度を引き下げる必要がある。それは特定の顧客や製品に傾斜せず，多くの顧客と取引したり，異なる産業の製品を取り扱ったりすることである。というのは他の顧客と取引したり，他産業向けの製品を多くもっていたりするほど，特定顧客との取引のウェイトが小さくなり，それによって取引依存度を低く抑えることになるためである。

◆**情報依存度**

　生産財取引では，製品開発や生産管理に関わる知識や技術を顧客企業がもっている場合があり，そのような技術情報を取引相手に依存することを

情報依存と考えることができる。この情報依存についても，ある売り手企業が技術情報について顧客に依存する程度と顧客から依存される程度から考えることができる。すなわち技術情報について顧客への依存が強いほど，また顧客からの依存が弱いほど，顧客への情報依存度が高く，顧客の交渉力が増すことになる。

たとえば，部品メーカーと完成品メーカーとの関係で言えば，顧客である完成品メーカーが，部品メーカーにおける開発や生産について技術指導や情報提供を行っている場合には，部品メーカーが顧客に対して情報を依存するととらえられる。他方で，その完成品メーカーにおける完成品の開発や生産において部品メーカーからの指導や情報提供がほとんど重要でない場合では，完成品メーカーが部品メーカーに対して情報を依存していないことになる。そしてこれらの状況から，この部品メーカーの完成品メーカーへの情報依存度が高いことになり，そのために部品メーカーは顧客企業の交渉力によって，不利な取引条件が要求されることになるのである。

なお，この情報依存度は，取引依存度の影響をかなり受けやすいため，取引依存度が高い場合には情報依存度も高くなるのが一般的である。

その典型的なケースとして，完成品メーカーと部品メーカーとの系列取引がある。このとき部品メーカーは生産している部品を特定の完成品メーカーに納めているため，取引依存度が著しく高くなっている。他方で完成品メーカーがJIT（ジャスト・イン・タイム）生産方式に基づく生産管理や品質管理のノウハウを蓄積している場合，系列下の部品メーカーに対しても，生産管理や品質管理の指導を行うことがよくある。高い取引依存度ゆえに，その指導の効果を他の完成品メーカーにフリーライドされる心配がなく，むしろ，部品の生産効率や品質を高めることのメリットを享受できるからである。

さらに，こうした生産管理などの技術的な情報だけでなく，開発テーマについても情報依存を形成することがある。というのは企業がつねに顧客の依頼や注文に応じて製品を開発しており，それ以外の需要者から情報を

第5章　依存関係を管理する

収集できないのであれば，何を開発するかの決定において顧客企業への情報依存が生じてしまうからである。その意味で企業が開発テーマを探索する能力が低い場合にも，顧客への情報依存度が高くなると考えられる。

3　依存関係の影響

　この取引依存度と情報依存度が企業にとって重要なのは，これらの依存度が顧客企業の交渉力を決定し，それが取引条件に反映されて，企業の利潤に影響するためである。

　たとえば，特定の完成品メーカーに対する取引依存度や情報依存度が高い部品メーカーは，その完成品メーカーからの厳しい取引条件の要求に直面せざるをえないだろう。その部品メーカーは，すでに取引や技術情報について特定顧客に依存しているために，有利な取引条件を求めて，他の取引相手に転換することができないからである。むしろ，他に転換できないから，不利とわかっていても高い取引依存度や情報依存度を甘受しているのである。

　具体的には，顧客企業からの価格の引き下げの要求を筆頭として，厳しい品質や納期の条件が課せられたり，コストのかかる顧客サービスを頻繁に要求されたりして，それらはすべて企業利潤の圧縮要因となる。

　さらにこのような取引条件への影響だけでなく，企業の長期的な安定性に関わる問題としても，依存関係の状態が重要になる。それは特定顧客に取引が偏ったり，その顧客への技術的な依存が強かったりする場合には，他の取引先に転換することや，技術変化に柔軟に対応することができなくなり，企業の長期的な安定性が確保されないという問題である。

　まず顧客企業に取引や情報を依存すると，顧客との強固な結びつきが確保されて短期的には安定性が得られるだろう。それは特定顧客との取引やそこからの情報収集に注力することにより，迅速で顧客適応的な製品開発

や生産が可能になり，顧客側でもその取引関係を維持しようという動機が働くためである。

　ところがその安定的な関係はその製品が顧客にとって有用である限りにおいて意味があり，たとえば，ある部品について，新技術を取り入れた他の部品メーカーに市場を奪われたり，あるいは，顧客企業が完成品の生産を取りやめて，その部品の需要がなくなったりすれば，顧客にはそれまでの取引関係を続ける必要性がなくなる。そのとき，顧客への依存度が高い場合には，別の取引先へのシフトができないために，経営的に脆弱な立場に置かれていることになるのである。つまり，顧客への依存度が高くなるほど，技術革新や顧客企業の製品戦略の影響を強く受けやすくなるのである。

　さらに，この経営の不安定性の問題は，産業ライフサイクルの影響によっても強く意識されることになる。すなわち，顧客への依存度が高い場合には，自らが属する産業のライフサイクルの影響だけでなく，顧客企業の産業ライフサイクルの影響も受けてしまうことによる問題である。たとえばある部品産業の企業が，その部品産業としては今後も成長が見込まれる場合であっても，主要な取引相手である顧客企業が生産する完成品の産業がすでに成熟期に入っているなら，その部品メーカーも取引先を転換・拡張できないために成長することができないのである。このように自らの産業ライフサイクルに加えて顧客産業のライフサイクルの制約を受け，どちらか悪いほうの市場環境の影響から，経営が不安定になりやすいのである。

　このような取引条件や経営の安定性における問題に加えて，顧客への依存で懸念されるのは，売り手企業のコストや技術についての情報が顧客に流出していくことである。これは下請け企業において典型的に現れることであるが，顧客への依存関係のなかで顧客企業が下請け企業のコストや技術を把握することによって，下請け企業が「まる裸」の状態になることである。

　もし取引依存度が低ければ，顧客企業には実際に関わりのある売り手企

第 5 章　依存関係を管理する

業の生産や開発の一部分しか見えないが，取引依存度が高ければ，売り手企業が生産能力や技術力のほとんどを特定顧客に向けることになるために，顧客企業は取引のデータを通じて，売り手企業の生産や開発の全貌を推測しやすいことになる。しかも，カスタマイゼーションや受注生産などの顧客適応がなされる状況では，生産や開発の情報共有が必要となるが，取引依存度が高ければ，売り手企業の生産・開発活動の大部分を顧客に伝えることになってしまう可能性がある。

また顧客への情報依存度が高く，製品開発や生産管理などにおいて顧客の指導に依存しているならば，そのような指導の過程で，生産や開発に関わる情報は顧客に伝わることになる。顧客の行う指導が的確なものとなるためには，顧客が売り手企業の生産や開発のプロセスについて理解していることが前提となるが，この情報の共有が企業の生産のノウハウや技術開発力を顧客企業に伝えることになるのである。

そして，こうした生産や開発に関わる情報を顧客企業が獲得することになれば，顧客企業はより大きな交渉力を手に入れることになる。たとえば部品メーカーにおける生産コストの現状やコスト引き下げの可能性について顧客企業が正確に把握すれば，顧客企業はコストダウンの要求を的確に行うことができる。また顧客に購入部品の生産ノウハウや技術の知識が蓄積されるようになれば，代替的な供給メーカーをつくり出し，彼らと競争させることで，一層のコストダウンを達成することができる。

したがって顧客への取引依存度や情報依存度が高い場合，売り手企業の保有していた生産ノウハウや開発技術のような顧客にとってのブラックボックスが小さくなり，ますます顧客への情報依存が高くなって顧客の交渉力を増大させ，それによって利益が圧迫されることになるのである。

他方で，大手の完成品メーカーなどでは，部品・原材料メーカーなどを自らへの依存関係を購買戦略によって高めることで，安定的に有利な取引条件を確保し続けようとすることもある。このとき部品・原材料メーカーの依存関係は顧客企業の購買戦略によって促進させられることになる。具

体的には，顧客企業が部品や原材料の購入を複数の企業に分割したり，代替的な供給メーカーを育成したりすることにより，顧客企業による部品・原材料メーカーへの依存を引き下げ，依存関係を自らに有利になるように導くことである。そうすることで部品・原材料メーカーを自社への依存関係のなかに閉じこめて，交渉力の拡大をはかり，より有利な条件を得るのである。すなわち部品・原材料メーカーを価格や技術で競わせて，効率的な製品の開発や生産に専念させようとするのである。

4　依存のスパイラル

　これまで説明してきたように，部品・原材料メーカーなどでは，顧客企業に取引や情報で依存することは，不利な取引条件や不安定な企業経営の原因となるために，可能な限り避けることが重要となる。具体的には，取引先を多様化させたり，顧客開拓のための新規事業を展開させたりして，依存度を抑制することが必要になる。

　ところが，部品・原材料メーカーにとって依存度のコントロールはそれほど単純なことではない。それは，いったん依存関係が形成されると，依存度をコントロールする能力が次第に失われ，依存度がスパイラル（らせん）的に増進するという特徴があるためである。このことは，特定顧客に取引や情報源が偏っている場合には，企業の経営資源がその特定顧客に向けて利用され，他の顧客や他の製品分野のために経営資源を振り分けることが難しくなることに基づく。この問題は，製品開発と営業活動の2つの領域で発生する。

◆製品開発における依存のスパイラル

　まず，製品開発においては，取引額の大きな重要顧客に向けた製品開発への投資が優先的に行われる。また，そのような重要顧客とは，長期的な

第5章　依存関係を管理する

関係が形成されているために，開発テーマも顧客からもたらされることが多いと予想される。

このような状況では，重要顧客向けに開発された製品は，その顧客との大きな取引額が見込まれ，しかも開発テーマが与えられていることから市場リスクも少ないと考えられる。したがって，重要顧客向けの開発を担当する部門は，安定的に高い売上を稼ぐ部門となるために，企業組織のなかでも地位が高くなり，有能な人材が高いモチベーションをもって開発に取り組むことになる。さらに，重要顧客のための製品開発は，企業にとって失敗が許されない重要な仕事となるために，有能な人材に担当させる傾向がますます強くなるはずである。

こうして重要顧客向けの製品開発に人材などの経営資源が優先的に割り当てられると，その特定顧客の需要に合った優れた製品開発が実現しやすく，ますますその特定顧客との取引を拡大させることになり，取引依存度が次第に高くなってしまうのである。

他方で，取引依存度を引き下げるためには，その他の顧客を対象とする製品開発を展開させなければならない。ところが，取引や情報について特定顧客に依存している状況では，その他の顧客に向けた開発力を高めることが難しくなるのである。

まず，重要顧客に向けた製品開発に経営資源が優先的に配分されることから，その他の顧客を対象とする製品開発では，限られた経営資源のもとで行われることになる。また，顧客との関係が構築されず，顧客需要についての情報収集が不十分になりやすいために，あいまいな市場ニーズに基づく製品開発となり，製品販売において成功するかどうかが不確かとなり，市場リスクをともなうものとなる。そのためこの製品開発は，低い売上高で高いリスクであることから低利益しか見込めず，重要顧客向けの製品開発に比べて有能な人材を集めにくく，開発担当者の動機づけが難しい状況にある。

しかも，特定顧客からもたらされた開発テーマに沿って，市場リスクの

4 依存のスパイラル

図5-2 依存のスパイラル

重要顧客への取引依存度上昇 → 重要顧客との取引拡大 → 優先的資源投入 → 顧客適応レベルの上昇 → 重要顧客への取引依存度上昇

重要顧客への取引依存度 → 顧客適応レベルの上昇

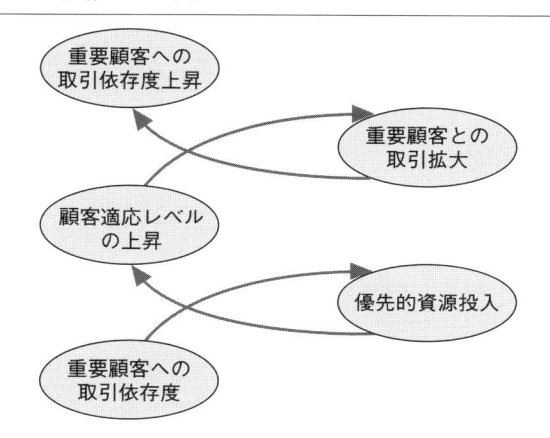

低い製品開発を行っているうちに，新規市場のための製品開発にともなう高いリスクを組織として許容できなくなることも発生する。つまりニーズのはっきりした特定顧客の問題解決を志向する製品開発については，その意思決定を迅速に行えるが，市場リスクをともなうような開発の意思決定はうまく処理できないのである。

したがって，顧客への取引依存度や情報依存度が高い状況では，既存の重要顧客に向けた製品開発はますます強化され，成果を上げる一方で，リスクの高い新規市場に向けた製品開発は弱体化していき，いっそう既存顧客への依存を強める結果となるのである。

◆**営業活動における依存のスパイラル**

こうした依存のスパイラル現象は，営業局面においても見られる。すなわち，特定顧客への取引依存度が高い状況では，依存を回避するための営業組織への経営資源の投入は難しくなると考えられる。

1つには，重要顧客との関係維持が経営成果に影響することであるために，重要顧客を担当する営業部門には，比較的有能な人材が集められるは

第5章 依存関係を管理する

ずである。また，それらの担当者は，高いモチベーションをもって，その特定顧客からの需要情報を引き出し，その顧客に製品を効果的に提案することで，ますます取引額の増加に寄与することになるだろう。

そしてもう1つには，取引依存度や情報依存度が高い場合には，顧客企業と緊密な関係が形成され，開発や生産の技術者が顧客企業の技術者と直接的に情報をやりとりできるようになり，営業担当者の役割が小さくなることも考えられる。さらに，顧客の立場から言えば，製品を低コストで供給してもらうために，効率的な経営の仕組みを要求することになる。たとえば営業組織における人的資源は，企業間で情報を共有するためだけの必要最小限でよく，それ以上の営業人員をもつことは，この緊密なパートナーシップにとっては無駄な費用として，投資を抑制することが求められる。

それに対して，特定顧客への依存を回避するためには，新規の市場開拓をする営業組織が重要になる。その営業組織が，既存の重要顧客以外からの市場ニーズを収集し，開発部門に伝えることで，新規市場のための製品を開発し，それを潜在的な需要者に提案しなければ，依存度は低くならない。

しかしそのような市場開拓の営業組織は，特定顧客への高い依存度のもとでは，営業力を失っていくのである。第1に，人材の配置が既存の重要顧客への営業活動の要請にあわせて行われるために，市場開拓を行うべき人材が確保されないのである。また，新規市場の開拓は，組織としての優先度の高い事業とは見なされないために，新規市場の開拓に関わる営業能力の育成や営業スキルの蓄積に対しても注意が払われないことが多い。

そして第2に，新規市場を開拓するための営業組織が力をもてないことから，開発部門とのコミュニケーション・チャネルも発達せず，新規市場の顧客ニーズを開発部門にうまく伝えることができないことになりやすい。このとき潜在的な需要者の声が開発部門にもたらされないために，開発部門では，新規市場を開拓できるような製品を開発することが難しくなるのである。

その結果，特定の重要顧客に対応する営業組織は，顧客との強固に構築された信頼関係をベースにその顧客との取引額を増大させ，他方で，新規市場開拓をめざす営業組織は，限られた資源のために新規市場を開拓できずに，特定顧客への依存度は，ますます大きくなるのである。

5　依存度をめぐる戦略

◆依存回避戦略

　顧客企業への依存度をコントロールするのは容易なことではない。多くの企業が下請け企業として，顧客企業への依存から抜け出せないのもそのためである。そこで，依存度をめぐる戦略として，まず考えるべきことは，いかにして顧客企業への依存度を抑制していくか，あるいは，いかにして依存のスパイラルから脱却するかという課題である。

　前述のように，依存のスパイラルに入ると，企業は新規の顧客を開拓するための製品開発力と営業力を失っていくために，ますます顧客への依存関係から離脱することが難しくなる。そこで依存度をコントロールするためには，新規市場に向けた製品の開発力や営業力を弱体化させないための組織戦略が重要になる。

　まず前提となるのが，新規市場開拓のための組織体制をつくることであり，そのためには新規の製品や技術を開発する組織はもちろんのこと，新製品を新規の需要者に提案する営業組織においても，人材を計画的に配置することが重要となる。

　またこれらの製品開発や営業活動のためには，既存の重要顧客を対象とする活動から独立して展開できる組織が望ましい。開発担当者や営業担当者というのは，安定した当面の成果を期待して既存顧客を重視する一方で，リスクが高く，売上規模が小さい新規の事業に対して消極的になりやすいからである。しかも依存関係が形成されている状況では，組織における関

心が特定顧客に集中し，顧客から効率的な資源配分をすることが求められやすいので，このような新規市場開拓のための活動は，既存顧客との取引においてマイナスの影響が現れることが懸念され，顧客の声に敏感に反応する営業現場からの反発さえ予想される。

さらに，新規市場開拓をめざす組織は，既存の事業部門から切り離されているだけでなく，トップダウンで意思決定できる組織にすることが望ましい。新規市場をめざす製品開発や営業活動というのは，経営資源を投下しても，期待どおりの成果がすぐに得られるものではなく，期待した成果が得られなかったり，成果が得られるまでに時間がかかったりする可能性が高い。そのために，新規市場開拓の意思決定を長期的・戦略的な視点で評価しなければ，その事業を維持できないと考えられる。とくに特定顧客への依存度が高い状況では，特定顧客を重視すれば当面の売上や収益を確保できるために，新規市場の開拓のように成果が不確かで，回収に期間がかかる投資については，厳しく評価されやすいと言える。

このようなトップダウンの組織構造に加えて，製品開発や市場開拓におけるリスクを受容できる組織にすることも重要となる。それは，リスクを積極的に受容する組織文化を醸成することと，高いリスクの意思決定が行える手続きを確立することである。

特定顧客に向けた製品開発や営業活動を繰り返すうちに，組織として，新規市場向けの製品開発に挑戦するという経験が蓄積されず，そのために，新規市場開拓のリスクを適切に評価できなかったり，そもそもそうした行為を起こすための組織的な手続きが失われてしまっていたりする場合がある。それでは依存のスパイラルから抜け出ることはできなくなるために，そのような試行錯誤や挑戦を許容する組織文化やリスクをともなう意思決定を進めるための手続きや制度をあらためて確立する必要がある。

そしてその前提として，依存回避の明確な戦略目標やスタンスも必要となる。すなわち，既存の重要顧客からの当面の売上や利益を確保するのではなく，依存関係による長期的な問題を適切にとらえて，依存回避を重要

な戦略課題と認識し，経営資源を投下する戦略的な意思決定を行わなければならない。

というのは，依存回避戦略は，後述する顧客企業の依存形成戦略と対立する場合もあるからである。たとえば，部品・原材料メーカーが依存回避のために新規市場開拓に経営資源を投下するようになれば，顧客側ではそれによってサプライヤーの既存事業における効率的経営が阻害されるという認識から，依存回避の行動をやめさせようとしたり，戦略的パートナーシップを維持する購買戦略を取りやめたりする可能性もある。この場合，依存回避は，それまでに築いてきた既存顧客との関係を切り替えるということになり，それまで関係に投下してきた投資や努力を無駄にするというリスクを冒しても依存回避に取り組むべきかどうかという問題に発展するのである。

そのような顧客の選択に関わる高度な意思決定は，トップマネジメント層が中心となって行うべきものであり，またその意思決定による支持がなければ，開発部門や営業部門における新規市場への取組みは生まれないのである。

◆**依存成長戦略**

顧客への依存をめぐる戦略には，依存を回避する戦略とは対照的に，あえて依存関係を受け入れる戦略がある。それは，中小規模の部品・原材料メーカーが顧客への依存関係を維持することで，顧客の企業成長にともなって自らも企業規模を成長させることをめざす戦略である。

ただしその前提には，顧客が長期的に協力メーカーを育成する購買戦略をとっていて，しかもその顧客の需要が増加していることが条件となる。この場合には，協力メーカーとなる部品・原材料メーカーは，顧客への高い依存度を積極的に受け入れることで，顧客からの優先的な注文を得て，企業を成長させられると期待される。

まず，優先的な注文が得られることは，生産設備の稼働率が高く維持さ

第5章　依存関係を管理する

れることであるから，それによって低い生産コストを達成することができる。しかも，優先的な取引で注文が安定するために，新しい設備や技術への投資をしやすく，それによる効率的な生産ができたり，高い品質や開発力を確保するための投資が可能となったりするために，競争力を強化できるのである。

さらに，顧客の注文を優先的に得られることから，営業コストも低く抑えることができる。というのは，取引依存度が高ければ他の顧客との取引が少ないために，広い範囲にわたって顧客との取引交渉をする必要がなく，しかもその特定の顧客とは反復的な取引をしていることから，ルーチン的な取引交渉で済ませることができ，営業活動における取引交渉の時間や労力が節約できるのである。場合によっては営業担当者を介在させずに，生産や開発の担当者が直に顧客と接触する体制にして，営業組織にコストをかけないこともできるのである。

また，顧客から需要情報や技術指導を得ることができると，それらに基づいた効率的で効果的な製品開発や生産・供給が可能になる。とくに顧客から需要情報が得られると，製品開発における市場リスクや生産・配送における在庫リスクが軽減されることになる。すなわち市場全般の情報を収集して製品のニーズや需要量を推測するのではなく，特定化された顧客からの直接的な需要情報に基づいて開発・生産・配送するために，無駄な開発や在庫を避けることができるのである。

しかも，顧客から直接的に需要情報を得られるということは，需要情報の収集のために費やす営業担当者の負担が軽くなることを意味している。営業担当者が多数の潜在顧客と接触して情報収集をしなくても，特定顧客と接触し，そこから直接的に必要な情報が得られるからである。このことは需要情報の収集という役割においても，営業部門にかかるコストを節約し，営業組織を小さくする可能性をもたらすものである。

さらに言えば，部品・原材料メーカーが取引や情報において依存する顧客企業が大企業であれば，その顧客企業が優先的に取引を割り振ることや，

その部品・原材料メーカーを育成しようとしていることに基づいて，金融機関から融資を受けやすくなったり，技術者のような人材を雇用しやすくなったりするという効果も生まれるだろう。

　以上のことから，顧客企業の購買戦略に基づいて優先的な取引と情報を確保し，そこから成長する基盤を得ることができるのである。そしてこのように企業を成長させるために顧客への依存度を戦略的に高く維持する戦略を依存成長戦略と呼ぶことができる。この戦略は，依存度による不利な取引条件から低収益であるとしても，企業を成長させることを優先させるものである。また，産業ライフサイクルから顧客需要の成長が期待できない段階になれば，依存関係のもとでの成長は果たせなくなり，依存回避戦略に転換しなければならないため，企業成長の初期段階において選択されうる戦略と考えることができる。

◆依存形成戦略

　依存関係をめぐる3番目の戦略は，顧客側の購買戦略として，部品・原材料メーカーの販売依存度を高く維持する戦略である。このように顧客が部品・原材料メーカーによる依存関係を形成しようとするのは，部品・原材料メーカーに対する交渉力を強めて，彼らから価格などの有利な取引条件を引き出すためというよりも，むしろ積極的に顧客に協力するようなメーカーを育成するためである。すなわち顧客が部品・原材料を調達するのに，競争的な購買手続きをとらずに，協調的な購買手続きをとる場合において，顧客企業は，部品・原材料メーカーに対して高い販売依存度を要求することになるのである。

　そもそも協調的な購買手続きと対比される競争的な購買手続きとは，顧客が特定の部品・原材料メーカーとの取引にコミットせず，広く供給源を探索し，少しでも価格や品質において優れたメーカーが現れると，取引業者をすみやかに切り替える方法である。このとき，部品・原材料メーカーは，つねに競争の脅威にさらされているため，価格引き下げや品質改善が

第 5 章　依存関係を管理する

強く動機づけられているものの，どうしても短期的な志向に陥り，設備や技術革新への投資は消極的になりやすい。回収が長期的で不確実な投資は，長期的に安定した需要の見込みがなければ取り組みにくく，しかもそのコストのために短期的な競争では不利になるからである。

　また，競争的な購買手続きでは，交渉において機会主義的な行動をとりやすく，相互にデータを隠し合い，ときには虚偽の情報をもたらして，少しでも有利な交渉条件を得ようとするだろう。そうなれば情報を交換して共同でのコストダウンや品質改善の努力などは難しくなり，しかも交渉における駆け引きが展開されるので，取引費用が大きくなりやすいという問題がある。

　そこで，顧客が部品・原材料メーカーによる短期的で機会主義的な行動をとるという問題を解決するために，この競争的な購買手続きをあらためて，協調的購買戦略をとるのである。協調的購買戦略とは，顧客企業が戦略的パートナーシップを形成するように，長期的視点で特定の部品・原材料メーカーを選別し，彼らに優先的な注文や情報などを与える代わりに，彼らの長期的な供給や価格・品質面での特別な貢献を求めることである。

　しかも，顧客企業が特定の部品・原材料メーカーに優先的な取引を割り当てるために，部品・原材料メーカーは設備や技術への投資に消極的にならずに，それに基づくコストダウンや品質改善に取り組むことができる。そして顧客企業が製品・サービスについての具体的な需要情報をその特定の部品・原材料メーカーに提供して，迅速な問題解決を引き出したり，生産管理・品質管理などの技術的指導を通じて，彼らのコストダウンや品質改善の能力を引き上げたりすることも可能になる。

　ただし，このような協調的購買戦略によって特定の部品・原材料メーカーに優先的な発注をしたり，技術指導をしたりする場合には，顧客企業と競合するメーカーによって，その効果がフリーライドされる危険性がある。すなわち，部品・原材料メーカーが，優先的な発注や指導で得られる生産力や技術力を他の顧客向けの製品の生産などに使うならば，その高められ

た部品・原材料メーカーの技術・品質水準や価格競争力は，その部品・原材料を利用する他の顧客メーカーにもメリットとなってしまうのである。そして競合メーカーは他の企業が育成した部品・原材料メーカーの製品をそのような育成のコストをかけずに利用して，競争力のある完成品を生産・販売することができてしまうのである。

そのようなフリーライドを避けるためには，顧客企業は部品・原材料メーカーが他の企業と取引することを制限しなければならない。もし部品・原材料メーカーの取引が特定顧客に限定されるならば，その顧客企業は他の企業による情報のフリーライドを懸念することなく，優先的取引や情報提供をしやすく，それによる技術や価格における成果を排他的に得ることができるのである。それゆえ，顧客企業が協調的購買戦略を採用して，特定の部品・原材料メーカーに優先的な取引や技術指導をする場合には，彼らの取引依存度を高く引き上げることが必要となるのである。

さらにその顧客企業が調達している部品・原材料について，サプライヤーがコスト削減や品質管理，安定的供給に専念し，その活動に対して重点的に経営資源を投入することも期待できる。言い換えれば，他社から受注する製品の開発活動や生産活動，あるいは顧客開拓のための営業活動などに経営資源を投入することは，コストを増加させるものとして，できるだけ減らすことを求めているのである。

なお，顧客企業による依存形成戦略には，この戦略が採用されやすい条件があると考えられる。それは，顧客企業の生産する製品の市場が急速に拡大し，かつ，その企業が需要する部品・原材料の供給源が未成熟であるという条件である。このような状況のときに，旺盛な部品や原材料の需要をまかなうために，競争的な購買手続きでは，顧客企業が部品や原材料を十分に確保できなかったり，部品・原材料メーカーが生産拡大のための投資に消極的となったりする可能性が大きくなるからである。すなわち，この場合には，顧客企業は協調的購買戦略を用いて，部品・原材料メーカーに設備や技術への積極的な投資をさせて，部品・原材料の供給量を確保す

る必要があると予想される。

さらに，顧客企業に生産管理や品質管理についての技術が先行的に蓄積されていて，その局面での情報格差がある状況では，部品・原材料メーカーが単独でコストダウンや品質向上に努力するよりも，顧客企業からの指導に依存して，顧客企業と共同で取り組むほうが効果的となる。

これらの条件から，最近の日本企業において，依存形成戦略からの離脱が起きている理由も推測することができる。それは，顧客の産業が成長期から成熟期に推移したことや，国際的に規模の経済性を追求する代替的な供給業者が登場したこと，さらに部品・原材料メーカーの生産管理や品質管理の技術が蓄積され，顧客企業との情報格差が縮小したことである。これらの条件によって，顧客企業の側から部品・原材料メーカーを依存形成戦略によって育成する必要性が少なくなり，その代わりに，競争的な購買手続きを採用する割合が増加していると考えられるのである。

演習問題

1. 顧客への依存度が高い生産財事業の例を1つ取り上げて，どのような形で依存度の影響を受けているかを分析しなさい。
2. 依存のスパイラルによって新規事業開発や新規顧客開拓が成功しなかった事例を1つ挙げて説明しなさい。
3. 取引依存度が高いにもかかわらず高い収益率を上げるとすれば，どのような条件が必要と考えられるかを説明しなさい。
4. 特定顧客からの依存回避戦略として，具体的にどのような戦略的行動が考えられるかを説明しなさい。
5. 依存成長戦略から依存回避戦略に転換した企業の事例を取り上げ，その転換を可能にした条件を分析しなさい。

第6章
顧客に適応する

1 顧客適応の意味

　生産財取引の特徴の1つとして，相互依存性がある。これは，製品の開発や生産について，売り手企業が市場の情報を収集したうえで単独で決めるのではなく，顧客との相互作用を通じて意思決定をするという性格である。この相互依存性を売り手企業の具体的な活動として見るならば，カスタマイゼーションや受注生産がその典型となる。

　カスタマイゼーションや受注生産というのは，製品仕様や生産・供給において個別顧客のニーズへの適応度を高めていくことであり，そのような個別顧客への適応を顧客適応と呼ぶことにする。したがって，ここでの顧客適応とは，市場全体に適合したマーケティング活動を展開するという意味ではなく，また，製品開発活動や生産活動を巻き込まずに営業活動だけで個々の顧客に対応するという意味でもない。

　個別顧客のニーズに開発や生産のレベルで対応することは，生産財マーケティングにおいて重要性をもっている。消費財でもオーダーメイドや受注生産があり，それが消費者に高く評価されるケースもあるが，生産財で

は，顧客企業の販売する製品が他社とは異なるために，他社とは異なる部品，原材料，機械・設備を需要することがよく見られる。ただし，利用する生産財のすべてを他社とは異なる個別の注文で設計や生産をさせると，コストが高くなってしまうために，顧客企業の製品差別化に貢献しない部分は，顧客ごとに違いをつけない標準的な対応が取り入れられている。

そして顧客適応が行われるとき，開発部門や生産部門では顧客のニーズを取り入れて活動の調整をしなければならないために，顧客に対する職能横断的な対応が必要となり，それが生産財取引における組織性をもたらすことになる。また，個別顧客への開発や生産での適応を行うためには，当該顧客にしか利用できない技術・知識や生産の設備・システムが必要になる場合がある。このような経営資源を顧客特定的資産というが，それが多い状況では，取引関係を切り替えにくくなるので，関係が継続化されやすいという特徴も派生する。

さて，カスタマイゼーションと受注生産は，ともに顧客適応であっても具体的な意味が異なる。カスタマイゼーションとは，開発段階の顧客適応で，個別顧客の仕様で開発・設計することである。ある顧客のために特別に設計された特注品・特注サービスを提供することや，ある顧客の問題を解決するためだけに技術開発を行うことである。したがって，カスタマイゼーションには，有形の製品（有体財）におけるカスタマイゼーションと顧客サービスにおけるカスタマイゼーション，設計だけのカスタマイゼーションと技術開発や研究開発の段階を巻き込んだカスタマイゼーションなど，多様なものが含まれる。また，顧客との協力関係により，共同開発の形で行う場合や顧客からの注文を受けて，自社単独で開発する場合などもある。そして，カスタマイゼーションがほとんどない状況を標準品対応と呼ぶことにする。

それに対して，受注生産とは，生産段階の顧客適応で，顧客からの注文のタイミングで生産をすることである。これは，かならずしもカスタマイズされた製品である必要はなく，標準品をJIT（ジャスト・イン・タイム）

図 6-1　顧客適応の種類

```
                 段階          具体的展開
            ┌─ 開発段階 ──── カスタマイゼーション
    顧客適応─┤
            └─ 生産段階 ──── 受注生産
```

で在庫を発生させないように受注生産する場合もある。逆に，受注生産をしないことを見込み生産というが，特定顧客向けのカスタマイズされた部品などを顧客からの注文に備えて見込み生産しておく場合もある。

なお，受注生産は，あくまでも生産時期に関わることであるために，見込み生産された在庫を顧客の注文に応じて出荷するのは，受注生産とは考えずに，注文配送と考える。その意味で，3つめの顧客適応として，物流サービスの注文配送を考えることができるが，現代の生産財流通では，迅速な配送は一般的で選択の余地はないために，その選択問題をここでは議論しないことにする。

2　カスタマイゼーションと受注生産

カスタマイゼーションや受注生産は，その事業の性格から決まると考えがちである。確かに，建築物はカスタマイゼーションの受注生産であり，塩ビパイプは標準品の見込み生産になる。しかし，次の2つの要素を考えると，カスタマイゼーションと受注生産を戦略的に決められる範囲があることがわかる。

まず1つは，カスタマイゼーションや受注生産は，行うか行わないかの二者択一ではなく，どの程度までカスタマイズするか，または受注生産するかというレベルを考えることができるということである。実際にそのレ

ベルを測定しようとするならば，コストの比率として，すべてのコストのうち何％まで特定顧客向けにカスタマイズされた部品や設計作業のコスト（または，汎用部品や標準化された設計作業のコスト）が含まれているか，何％まで受注後に投入された生産の作業コスト（または，見込みで計画的に処理された作業コスト）が含まれているかということになる。こう考えると，建築物でも，標準品の建材や共通化された設計の占める割合が大きくなるほど，カスタマイゼーションのレベルは低くなり，事前に工場で見込み生産されるモジュールを使うほど，受注生産のレベルを下げることができる。

そしてもう1つは，顧客の求めるカスタマイゼーションや受注生産のレベルは，産業として共通ではなく，顧客ごとに違っていることが考えられる。たとえば，ある家電製品組立メーカーは，製品差別化を重視して，部品メーカーに対して徹底したカスタマイズを要求するのに対して，別の組立メーカーは，製品の低価格化を重視して，標準部品を使い，しかも，生産効率化のために，部品も大量に見込み生産を行えるように発注する場合がある。そうなると，生産財メーカーがカスタマイゼーションや受注生産を積極的に進めるかどうかは，どのような顧客ニーズをねらうかに依存することになる。つまり，標的とする市場セグメントを選択することによって，顧客適応のレベルを変えることができるのである。

そして次に問題になるのは，既存顧客であれ新規顧客であれ，市場セグメンテーションによって対象とする顧客層が決定している状況で，最も望ましい顧客適応のレベルとは何かということである。ここでは，カスタマイゼーションや受注生産のレベルによって，製品の売上や開発・生産のコストが変化することに基づいて，利益の最大化やコストの最小化となるようにレベルを選ぶことにより，経済的に最適なカスタマイゼーションや受注生産のレベルを考えることにする。

◆カスタマイゼーションのレベル

カスタマイゼーションの比率を大きくすれば，一品一様の設計に近づき，

2 カスタマイゼーションと受注生産

図6-2 最適なカスタマイゼーションのレベル

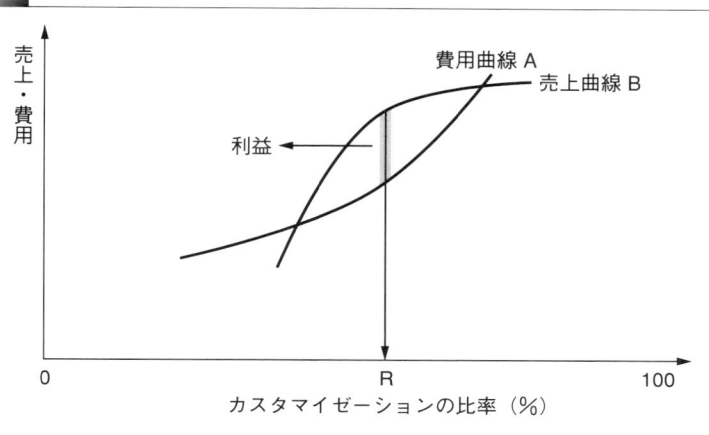

設計の作業量が多くなるために，設計に関わる人件費が増大する。また，既存技術の転用ができなくなり，独自に技術を開発するためのコストがかかるほか，顧客からの需要・注文情報の収集・処理のコストも必要である。こうしたカスタマイゼーションの比率の増加にともなう費用の推移を，図6-2では，費用曲線Aで表すことにする。この費用曲線Aが逓増的なのは，完全なカスタマイゼーションを追求するほど，最後には原材料レベルでのカスタマイズなど，技術的，コスト的に難しくなることを表している。

なお，ここでは図の右側に行くほどカスタマイゼーションの比率が高いとして，顧客のカスタマイゼーションへの期待が大きいところから順番にカスタマイズされると仮定する。また，カスタマイズのコストは販売価格に転嫁しないものとする。

他方で，カスタマイズが進むほど，顧客企業が販売する製品を差別化しやすくなるため，高い付加価値が認められ，売上が増加すると期待される。逆に言えば，標準品しか提供できないメーカーは，顧客のニーズをとらえることができず，製品が売れないために，売上の曲線は標準品対応になるほど低下する。ただし，カスタマイゼーションを進めすぎると，顧客が販

83

第6章　顧客に適応する

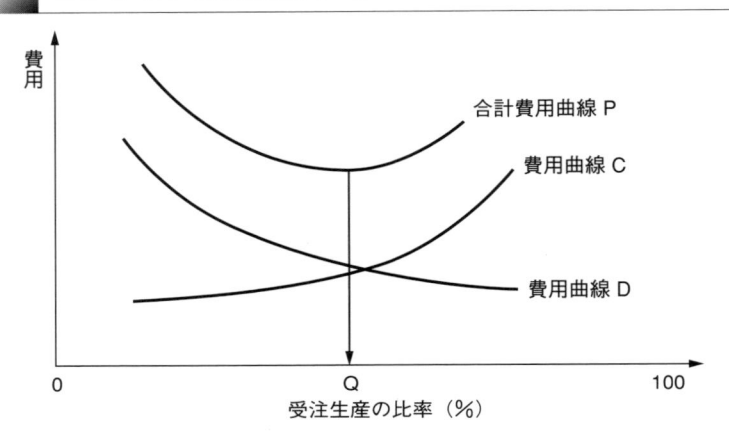

図6-3　最適な受注生産のレベル

（縦軸：費用、横軸：受注生産の比率（％）、0〜100、Qの位置に最適点。曲線は「合計費用曲線P」「費用曲線C」「費用曲線D」）

売する製品の差別化に貢献しないカスタマイゼーションとなるために、それ以上カスタマイゼーションをしても、顧客の満足は増えずに、売上はほとんど伸びないことになる。そのために、売上曲線Bは、図6-2に示すような形状をしていると考えることができる。

そして、カスタマイゼーションのあるレベルにおける売上曲線Bと費用曲線Aの高さの差が、そのレベルでの利益と考えることができる。図6-2では、点Rのとき、最も差が大きく、したがって利益が最大になると期待されるため、このレベルまでカスタマイゼーションを展開するのが合理的な選択となる。

◆**受注生産のレベル**

受注生産のレベルについては、受注生産の比率と費用との関係から考えることができる。まず、図6-3において左側に行くほど、受注生産の比率が低くなるとする。ここで受注生産の比率を下げるほど、製品の生産費用が次第に減少することが予想される。それは、見込み生産の比率を高めると、生産ロットを大きくすることによる規模の経済性の享受のみならず、

> **Column ③　延期‐投機モデル**
>
> 　製品の仕様や生産ロットなどの意思決定について，受注情報が投入される時点より前に，先んじて行うことを「投機」と呼び，仕様やロットの確定を受注情報が得られる時点まで先延ばしにすることを「延期」と呼ぶ。一般に事前の計画や需要の見込みにしたがって意思決定することが「投機」であり，先行的な意思決定を避けることを「延期」と考える。それゆえ，標準品の見込み生産は「投機」であり，カスタマイズ品の受注生産は「延期」としてとらえられる。そして，「延期」のほうが，需要調整が行いやすいと考えられるが，仕様や生産ロットにおける調整活動にはコストがともない，かつ規模の経済性が働かないと考えられる。
>
> 　近年では，市場需要の不確実性に対応して，先行的な意思決定のリスクを削減するために，製品の仕様や生産ロットについての意思決定をできるだけ先延ばしにする「延期型」システムが志向されることが多い。他方で，部品・原材料の調達を海外の供給市場から行うことにともない，「投機型」の生産体制によるコスト優位が追求される場合もある。延期‐投機モデルでは，こうした環境変化を費用曲線のシフトとしてとらえることで，戦略の選択の合理性を考えることができるのである。

調達の時期や作業配分，生産工程の調整など，計画的生産による生産の効率性を追求することができるからである。その生産費用の推移は，図6‐3の費用曲線Cのように表すことができる。

他方で，見込み生産には需要予測を誤った場合の在庫の保管コストや在庫リスク，あるいは欠品による機会損失や緊急の生産によるコストをともなうことになる。つまり見込み生産の比率を上げるほど，仕掛かり在庫や見込み生産品についてのこれらのコストが上昇する。ここで，仕掛かり在庫の保管コストや陳腐化リスクが小さい部分から見込み生産をしていくと考えると，受注生産比率に対するこれらの費用の推移は，費用曲線Dのような形状を描くと予想される。

そして，最も望ましい受注生産のレベルは，これらの生産に関わる費用

と在庫に関わる費用を合計した費用が最も低くなるように受注生産の比率を決めることである。図6-3には，受注生産の比率に対応する費用曲線Cと費用曲線Dとの高さの合計を費用曲線Pで表しているが，この合計費用曲線Pにおいて最も低い費用を示す点Qが，最も効率的な受注生産の比率になるのである。

3 顧客適応の組織的条件

　前述のモデルにより，各企業にとって最も望ましい顧客適応のレベルが求められることになるが，このモデルのみで各企業の市場における成果や競争上のポジションを説明できるわけではない。各企業がこのモデルにしたがって最適な顧客適応戦略を選択しているとして，どの企業も同じ条件で激しく競争している場合には，最適なカスタマイゼーションや受注生産のレベルは，競争的に一点に定まり，企業にとっての選択余地はないことになる。それではなぜ現実には成果上の差異が生じるのかという問いに対して答えることができない。そこで，この問いに答えるためには，顧客適応の組織的な能力という条件を考える必要がある。つまり，カスタマイゼーションや受注生産で競争優位を形成している企業は，組織的な能力の違いによって，図6-2，図6-3において競合他社とは異なる費用曲線，売上曲線をもち，より高いレベルで効率的な顧客適応を選択できていることになる。

　ここでは組織的な能力の問題として，顧客需要情報の収集能力と顧客適応のための開発・生産プロセス革新の2つを考えることにしよう。

◆顧客需要情報の収集能力

　顧客が製品・技術においてどのような需要をもっているかについては，顧客から情報を収集する能力が重要となる。ただし開発部門，生産部門，

営業部門，顧客サービス部門のそれぞれは，顧客について一面的な情報しか収集できないという問題がある。顧客適応するためには，営業部門による情報収集のみならず，技術者同行の営業活動や営業担当者と技術者との情報共有など，部門間連携による顧客からの情報収集や情報共有が重要な意味をもつ。

　さらに，顧客へのコンタクト履歴や顧客との商談情報，顧客ニーズに関する情報などに関しては，社内の情報システムを利用して，データベース化された情報の共有とそれに基づくコミュニケーションの促進をはかることもできる。

　こうして顧客需要情報を収集し，部門間で共有できるようになれば，同じコストをかけたとしても，顧客がより望むカスタマイゼーションを達成することができるようになり，そのことは売上や利益の増加をもたらすことになる。また，受注生産においても，顧客需要情報を収集する能力が高ければ，顧客の注文をタイムリーにとらえることができるので，在庫のリスクやコストを高めることなく，見込み生産の比率を引き上げたり，あるいは，受注生産を行うタイミングをより適切に設定したりすることで，より効率的な生産が可能になる。

　さらに，こうした顧客からの需要情報を収集するためには，顧客との戦略的パートナーシップを形成していることが条件となる。すなわち，顧客企業との間に信頼関係があり，しかも関係する諸部門と直接，情報を交換できる関係が形成されていることが前提としてあって，はじめて売り手企業側の職能横断的な連携や情報共有が有効となる。それゆえ，顧客との戦略的パートナーシップを形成する組織能力も，顧客需要の情報収集能力を高める大事な条件と考えることができる。ただし，この2つの組織能力は独立的ではなく，職能横断的な連携や情報共有を進めることが，戦略的なパートナーシップを形成することにつながると考えることができる。

第 6 章　顧客に適応する

◆顧客適応のための開発・生産プロセス革新

　カスタマイゼーションについては，個別顧客に特定的な開発と生産をするコストが負担となりやすい。そこで，開発や生産のシステムを独立性のある一まとまりのモジュールに分解し，各モジュールのインターフェースを標準化して組替え可能にするという開発や生産のプロセス革新が導入される場合がある。これはマス・カスタマイゼーションという概念で説明されるが，このプロセス革新によって，顧客の個別需要に対応して顧客の満足度を維持しながら，カスタマイゼーションの効率性を引き上げることが可能になる。すなわち，このような開発・生産プロセス革新を推進する組織能力のある企業では，効率的なカスタマイゼーションによって利益を大きくすることができるのである。

　また，受注生産のプロセス革新については，JIT（ジャスト・イン・タイム）生産方式の徹底化によって，生産プロセスにおける改善が進み，その蓄積から生産効率を高めることに成功している企業がある。そしてそれは高い受注生産比率のもとでの高い成果をもたらすプロセス革新であると言える。

　さらに，開発や生産における情報化や自動化を推進すれば，より柔軟に顧客の注文に応えた設計や生産を効率的に行えるようになる。そのような情報化や自動化を導入して，開発や生産の効率性や柔軟性を高められるのは，それらを用いたプロセス革新に取り組む能力の高い企業であり，そうした企業において，効率的で柔軟なカスタマイゼーションや受注生産が行われる。

4　顧客適応と重要顧客管理

　カスタマイゼーションや受注生産といった顧客適応は，戦略的に顧客全体への顧客適応のレベルを定めることを想定しているが，他方で，顧客の

タイプごとにカスタマイゼーションや受注生産のレベルを設定することも可能である。

　そこでとくに重視されるのが，重要顧客に対する顧客適応の問題である。重要顧客は，売り手企業から見て取引額の多い顧客企業であることが多いが，このような顧客は，企業の売上への貢献度が高く，安定的な取引を確保して経営の安定性を維持するためにも重要度が高い。また，重要顧客は顧客産業において技術的なリーダーである場合も多いため，重要顧客と継続的に取引していくことは，売り手企業の技術力を向上させていくために重要性をもつ。

　しかしながら，第5章で述べたように，重要顧客とされるタイプの大手の顧客企業は，売り手企業に対して厳しい取引条件を要求することが多い。そして，その一環として，顧客企業にとって有利なカスタマイゼーションや受注生産を求める傾向が強くなる。カスタマイゼーションは，顧客企業の製品差別化に貢献し，受注生産は，顧客企業による部品・原材料の見込み発注にともなう在庫リスクを回避しながら，それらの欠品を心配せず発注できるというメリットがある。すると，売り手企業としては，前述の費用や売上の予測に基づく最適な顧客適応のレベルを超えて，過剰な顧客適応を強いられることになるのである。

　また，共同開発において，顧客企業への開発面での顧客対応が要請される場合もある。重要顧客の要請により顧客特定的な技術開発を行う場合，開発した技術をその顧客企業のみに使用するか，あるいは，他の顧客にも適用する権利を得るかは，その開発コストの負担状況だけでなく，売り手企業と顧客企業とのパワーバランスにも依存することになる。そしてこの条件によっては，重要顧客との取引を通じて技術力を高めようとしても，そのことが市場開拓につながらず，その顧客との取引へのコミットメントを強める結果にしかならない場合もある。

　したがって，重要顧客に対して顧客適応のレベルを引き上げることは，将来的に企業の成果にどのような影響をもたらすかを検討したうえで，戦

第6章 顧客に適応する

略的に判断すべき問題となる。それゆえに重要顧客が含まれる状況において顧客適応のレベルをコントロールすることは，企業がねらう市場の範囲を決定するという戦略の根幹に関わる問題であると言える。

5 顧客適応戦略と標準化戦略

　これまでカスタマイゼーションと受注生産という顧客適応についての選択問題を検討してきたが，この選択では，カスタマイゼーションや受注生産を行うことがつねに望ましいとは限らないことが前提とされている。事実，生産財取引は，消費財取引に比べて相互依存性が強く，カスタマイゼーションや受注生産がよく採用され，その比率も高いものの，標準品対応や見込み生産が行われないというわけではない。規格化された汎用部品や原材料といった産業の特徴から，標準品対応や見込み生産が行われている場合もあれば，企業が標的とする市場の選択から，戦略的に顧客適応のレベルを抑制している場合もある。このように顧客適応のレベルが低いことは，標準化のレベルが高いこととしてとらえることができ，標準化のレベルを高く維持する戦略を標準化戦略という。

　こうした開発や生産における標準化による競争優位の形成は，第7章の新製品開発のところで説明するが，その基本は，「選択と集中」による自社技術の向上と，開発や生産における標準化によるコスト削減を通じて，製品の技術力や価格競争力に競争優位を求めることである。そして，生産規模・販売規模の拡大を追求するために，広範な市場開拓に経営資源を投じることが優先され，特定顧客とのパートナーシップを強めるための投資は行われにくくなる。また，特定顧客からの需要情報を収集することよりも，広範な市場から需要情報を収集することが重要となる。それゆえ，顧客とのパートナーシップについては，顧客適応戦略と標準化戦略とでは対照的な行動が展開されることになる。

5　顧客適応戦略と標準化戦略

> **Column ④　重要顧客管理の研究**
>
> 　1980年代前後にアメリカにおいて，ナショナル・アカウントもしくはキー・アカウントと呼ばれる重要顧客企業群についての一連の研究プロジェクトが行われた。これら一連の研究の背景には，企業の合併・買収や寡占化の進行から大規模な企業が生まれ，売り手企業はこれらの大企業に対して効果的な営業活動を行うために，組織的な対応を迫られることになったという経緯がある。
>
> 　重要顧客は，取引規模の大きさから売り手企業の売上や収益性，業務に多大な影響を与えるが，組織的な購買プロセスのもと，ロジスティックス上のサポート，在庫管理，価格ディスカウント，カスタマイゼーションの要請など，特別な対応を売り手企業に期待していることが特徴となる。
>
> 　そのため，重要顧客の組織的購買に対応する営業体制の組織化，販売と購買のインターフェースの管理や，職能横断的な対応が重要性を持つことが指摘されてきた。さらに近年では，付帯するサービスの提供や，在庫管理，共同生産計画，JIT（ジャスト・イン・タイム），開発購買など，顧客との戦略的パートナーシップの構築を志向した職能横断的な営業体制が売り手企業に求められていることが指摘されている。

　このことから理解されるように，戦略的パートナーシップの形成は，顧客適応戦略において固有で必須の条件と考えることができる。すなわち，企業がカスタマイゼーションや受注生産という顧客適応のニーズの高い市場にねらいを定め，顧客適応戦略を通じて競争優位を形成しようとするとき，顧客とのパートナーシップを構築し，取引の継続性，相互依存性，組織性をベースとして，顧客から直接，需要情報を収集し，需要の不確実性が少ない状況で技術や生産設備への投資を積極的に進めていくことが重要となるのである。しかも，こうした顧客とのパートナーシップの構築は，カスタマイゼーションや受注生産の効率性や効果を引き上げるため，企業レベルでの信頼関係が増し，ますますパートナーシップを強化するという好循環が形成され，売り手企業と買い手企業はともに競争優位を築くこと

第6章 顧客に適応する

が可能となるのである。

しかしながら，戦略の代替案として標準化戦略があり，顧客適応戦略とはまったく別の形で技術や価格についての競争優位を形成し，市場への参入が発生する脅威があることをつねに考える必要がある。すなわち，既存の戦略的パートナーシップに基づき，顧客適応で競合他社に対する優位性を確立しても，標準化戦略に基づく技術や価格における国際的な競争優位をもった競合企業の市場参入に直面する可能性がある。

そこで，標準化戦略に対抗して顧客適応戦略を志向する企業は，どこまで製品，生産，サービスにおいて差別化できるかについて考慮する必要がある。すなわち，標準化戦略において志向される製品の技術やコストでの問題解決能力に対して，顧客適応戦略のもとでの個別の顧客需要に合致した問題解決の能力やその迅速性が，どこまで有効であるかを長期的に予測して，戦略のスタンスを定めることが重要となる。

演習問題

1. 生産財事業を1つ取り上げて，その事業における顧客適応のレベルを検討し，それが最適な水準であるかどうかを検討しなさい。また，最適ではない場合には，なぜそのレベルになっているかを考えなさい。
2. カスタマイゼーションのレベルを戦略的に変化させた事例を1つ挙げて，なぜ，どのように変化させたのかを分析しなさい。
3. 生産システムにおける情報化・自動化が，受注生産の比率を高めることを，図6-3を使って説明しなさい。
4. 調達のグローバル化は，受注生産の比率を引き下げることを，図6-3を使って説明しなさい。
5. 標準化戦略のための組織的条件について説明しなさい。

第7章

新製品を開発する

1 生産財における新製品開発

　生産財の「ヒット商品」というのは，消費財のそれに比べて話題になりにくい。消費財の場合には，消費者という同じ需要者の行動に無関心でいられず，別の産業であっても「ヒット商品」から消費者の行動についての示唆を得ようとするが，生産財では産業ごとに需要者が細分化されやすいため，「ヒット商品」の話題が別の需要者の話として関心を抱かないと考えられる。

　しかも，生産財では，ある分野で高いシェアをとったとしても，それはその製品の技術の高さに基づくものと考えるために，「ヒット商品」から何かの示唆を得るということにはなりにくいのである。つまり，「ヒット商品」は技術で決まると思っているため，自社でも技術をひたすら磨けばよいということになり，それはわざわざ「ヒット商品」から学ぶことではないと考えやすいのである。

　このように生産財では技術が重要と見る限り，マーケティングの果たす役割は小さいと考えがちである。しかし，どうすれば新製品開発で成功で

第7章 新製品を開発する

きるのかという問題を考えるためには，新製品開発についての意思決定や組織体制の問題から考える必要があり，しかもそうした意思決定や組織体制のあり方が，顧客とどのような関係を築いているのかによって左右されたり，市場開拓などの戦略に影響したりするならば，マーケティングの問題となる。

つまり，優秀な技術者が努力のすえに技術開発に成功したということであっても，その成功以前に企業としてすべきことがあり，その成否が企業の開発力を決めていると考えることができる。そして，そのすべきことは，産業固有のものや工学的な技術ではないために，他産業の「ヒット商品」の開発事例から学ぶことはできるのである。

では，どうすれば新製品開発で成功できるのかという問題であるが，ここでは新製品の開発・普及について，どのような資源配分をすべきか（資源配分），どうすれば他社よりも早く，有効に顧客の需要情報を収集できるか（需要情報の収集），どうすれば新製品から優位性を形成できるか（競争優位の構築）の3つの問題を検討する。また，これらの行動において生産財にどのような特徴が見られるのか，さらに，顧客との関係に対する戦略とどのように関連するのかを考えることにする。

2 新製品開発への資源配分

◆**製品ライフサイクルとポートフォリオ・マトリックス**

マーケティング論において新製品開発における資源配分を考えるためにしばしば用いられる概念として，製品ライフサイクルがある。これは図7-1のように，時間の経過とともに，製品の売上と利益がどのように変化するかを表し，さらにこの変化を4つの段階に分け，各段階のマーケティングの特徴をとらえたものである。つまり，この製品ライフサイクルの諸段階を見越して，新製品の開発と普及についての経営資源の配分を計画

2 新製品開発への資源配分

図7-1 製品ライフサイクル

[図：製品ライフサイクル。横軸は時間、縦軸は金額。導入期・成長期・成熟期・衰退期の4区分で、売上と利益の曲線が描かれている]

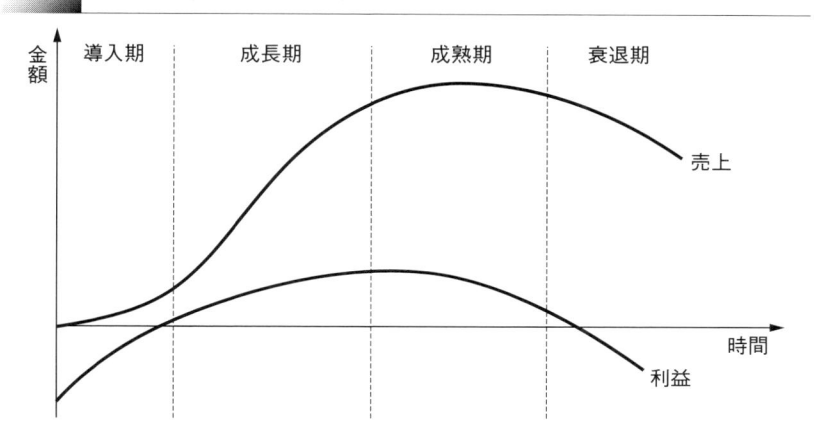

すべきと説明するものである。

とりわけ，新製品開発に対して多大な先行投資が必要なことは当然としても，新製品の普及過程においても，急速に新製品を普及させるためや競合製品と競争するための資源配分とそれによる利益への影響を考えることが重要となる。具体的には，図7-1のように，利益がピークとなるのは，成長期の終わりであり，成長期の前半では，急速に広がる潜在需要者をとらえるために，いっそうのプロモーション活動を展開したり，チャネルやサービスのネットワークを拡張したりする費用が増加する。そして成熟期に入ると，今度は製品差別化や市場セグメンテーションのための費用が増加し，利益は減少傾向になると予想されるのである。

そして，企業が複数の製品事業を展開している場合には，この製品ライフサイクルにおける利益の変化から資金のフローを考えることが必要となる。つまり，導入期や成長期のとくに前半で必要となる資金を，成長期の終盤から成熟期にかけての高収益を源泉としてまかなうという資金フローを形成するのである。

この資金フローは，有名な BCG（ボストン・コンサルティング・グループ）

第7章 新製品を開発する

図7-2 ポートフォリオ・マトリックス

	市場シェア	
	高	低
市場成長率 高	スター	問題児
市場成長率 低	金のなる木	負け犬

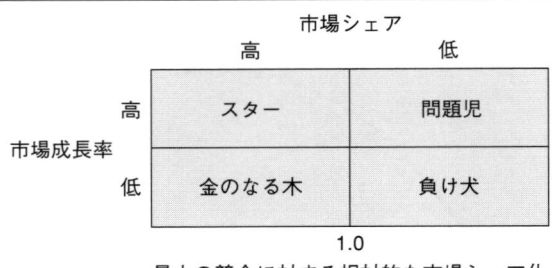

1.0
最大の競合に対する相対的な市場シェア化

によるポートフォリオ・マトリックスによって説明される。すなわち，図7-2のように，市場成長率と相対的な市場シェアで4つのタイプを識別し，市場があまり成長しなくなった段階においてトップシェアを確保している「金のなる木」(cash cows)の製品事業の高収益から得られる資金を高成長段階の低シェアの「問題児」(problem children)や高シェアの「スター」(stars)に使うことで，将来の「金のなる木」事業を育成し，企業としての成長力や収益性を維持するという考え方である。

　これは製品ライフサイクルの諸段階を見越した経営資源の配分を考えることを含みながら，ある時点における企業の新製品の開発や普及について，どの事業に経営資源を集中すべきかを提示するモデルとなっている。

◆生産財の製品ライフサイクルの特徴

　生産財においても，製品ライフサイクルやポートフォリオ・マトリックスを考慮した資源配分を考えることができる。とくに潜在需要者が幅広く存在していて，新規顧客を開拓することが重要な産業では，こうした製品ライフサイクルやポートフォリオ・マトリックスの考え方は適用しやすい。すなわち，成長期において新製品の市場への普及過程で新規顧客開拓のためのマーケティング・コストが増加し，成熟期においては，競争が激化するために，製品ラインを増やしたり，顧客サービスを充実させたりする必

要があり，その結果として利益が圧縮される。

　それに対し，顧客が最初から特定され，新規の顧客開拓があまり行われず，特定顧客との継続的な取引が志向される産業では，やや異なる状況が想定される。まず，特定顧客との継続的な関係が志向されている場合には，市場成長は顧客数の増加よりも特定顧客の購買量によって規定される。そのため，成長期における新規の潜在需要者を対象とする広告やチャネル開拓がほとんど行われず，営業活動も継続的な取引関係によって築かれた信頼関係のもとで展開されるため，マーケティング・コストは製品ライフサイクルの段階を通じてあまり大きく変動しないと考えられる。

　このことを考慮すれば，成長期後半のより早い段階から収益が期待され，その資金が次の新製品の導入期や成長期前半における損失をカバーするということになりやすい。製品ポートフォリオで言えば，「スター」も成長のための資金を生み出す源泉となると考えられる。

　そして，成熟期になると競合企業が技術的に追随してきて，価格競争になりやすいが，新規顧客開拓がない状況では，それはマーケティング・コストの増加と言うよりも売上の低下となりやすい。つまり，たとえトップシェアを確保していても，単価が下がるために製品売上や市場成長率が低下して，ポートフォリオのポジションとしては「金のなる木」になるべきところが，固定費的なマーケティング・コストをまかなうことができず，資金を生み出せないこともありうる。

　そこで企業が考えるべきことは，成長期や成熟期において，その顧客に向けた次の新製品開発を積極的に推進することである。それは，資金のフローを健全に保つだけではなく，新製品をその特定顧客に提案することで，顧客との取引関係を継続的に維持しなければならないからでもある。

　もともと特定顧客との継続的な取引関係が形成されているとき，その顧客との接触頻度が高く，また共同作業の機会も多くなるので，顧客の需要情報を競合企業よりも入手しやすい。そこで，その情報を次の新製品開発に活用して，顧客需要に合致した新製品を提案できるポジションを確保し

ているとも言えるが,その新製品開発を怠れば,競合企業に参入され,継続的な取引関係を維持できず,そのために需要情報を収集できず,新製品を開発できなくなるという悪循環に陥ることになる。それを回避するために,特定顧客に向けた新製品開発への資源配分を継続的に行わなければならないのである。

3 新製品開発のための情報収集

◆情報収集のタイプ

顧客需要に合致した新製品を開発するためには,顧客の需要情報をいかに収集するかが課題となる。生産財の場合,新製品開発のために顧客から需要情報を収集する方法としては,次の2つの方法が考えられる。

① 市場ベースの情報収集——不特定多数の顧客の需要に関する多様な定量的・定性的データを収集し,それらを分析することで,顧客の需要を推測する方法。

② 関係ベースの情報収集——特定顧客と直接的に接触して,その特定顧客から需要情報を収集する方法。

この2つの違いは,需要情報の収集が間接的か直接的かにあるが,このことは新製品を開発した後に顧客に販売する場合における市場リスクにも影響する。すなわち,市場ベースの情報収集では,顧客需要をデータから推測したものであるために,製品を市場が受容するかどうかという問題が重要になる。また,これらの違いは,新製品開発における競争優位の構築パターンも規定するため,生産財の新製品開発行動では,この2つの情報収集の方法に分けて考える必要がある。

◆市場ベースの情報収集

潜在顧客の数が多く,しかも新規の取引が多い場合には,顧客から直接,

需要情報を聞き取ることが難しくなる。個々の顧客との間に信頼関係を構築しなければ，顧客も需要情報を提供してくれないが，多数の顧客との間に信頼関係を構築するには，多大な時間とコストがかかるためである。そこで，潜在顧客の情報を市場調査や2次データなどから収集し，その定量的・定性的データを分析することで，顧客の需要を推測する作業が必要になる。

この需要情報の収集について，消費財の場合には，消費者の選好の分布や構造を知るための市場調査やデータ分析の能力を蓄積することが重要になり，とりわけ，ある消費者層全体の選好の構造を少数の調査標本から推測する作業の巧拙が決め手となる。

それに対して，生産財の場合には，そのような情報収集・分析の技術が必要としても，それ以上に，需要情報の吸引力が重要となる。部品や原材料，機械・設備の購買では，ある明確な目的に沿った機能や技術を期待するために，顧客需要の推測においては，この機能や技術についての需要が，どの顧客にどの程度あるのかを知ることが重要となる。それは顧客の潜在的な需要を聞き出せるかどうかにかかっており，質問紙調査や統計指標などのデータの収集や処理の巧拙よりも，顧客との接触や顧客の観察から得られるものである。

しかも，生産財の需要者は，新たに発生した問題を解決するために，何を買うべきかの情報を収集したうえで，慎重に購買の意思決定をするという特徴があり，また，消費財のように小売店頭での情報収集ができないために，潜在需要者自らが，売り手企業に直接問い合わせて，情報を集めることもよく発生する。

そして，この購買のための潜在需要者からの問い合わせがあることに基づいて，情報の吸引力が生まれるのである。需要者は，適切な購買の意思決定をするためには，できる限り多くの製品の情報を収集しなければならないが，そのような情報収集はコストがかかるため，問題解決の可能性が高く期待される製品の情報から優先的に集める行動をとるはずである。こ

第7章 新製品を開発する

の問題解決の可能性への期待は，新規の問題であれば，製品や企業の評判や実績から推測せざるをえないため，これらの評判や実績がある企業ほど，需要者からの問い合わせが発生しやすいことになる。つまり，売り手企業から見れば，製品や企業の評判や実績があるほど，潜在顧客からの需要情報を吸引する能力が高いと考えられる。

そこで企業としては，需要情報を吸引しやすい地位を占めることが情報収集において重要な条件となる。すなわち，限られた経営資源を使って有効に製品や企業の評判・実績を高める方法を考えなくてはならない。たとえば，数値化できる性能や価格など，需要者の関心が高く，他社との違いが明確になる指標について卓越した優位性をめざして新製品開発を行うことは，製品や企業についての評判を効果的に高めることになる。それに対して，数値で比較できない製品の特徴で差別化することは，製品の評判が形成されるまでに時間がかかると予想される。

さらに言えば，たとえニッチ（隙間）産業であっても，潜在需要者が問題解決として製品をイメージできるのであれば，その産業においてトップシェアを確保することが重要になる。需要者が問題解決において，その業界トップの企業にまず問い合わせをするのは，きわめて自然な行動である。トップシェアの企業ほど，他の企業による利用実績があると判断され，また，最初に想起される企業となりやすいからである。

また，この想起されやすいということに関しては，さまざまな問題解決を総合的に提供できる企業よりも，ある特定分野において専門的に問題解決ができる企業のほうが有利になる場合がある。焦点が絞られた分野のほうが記憶に残りやすいうえに，あらゆることを解決できる企業というイメージや実績を形成するには，製品多様化，チャネルやサービス体制，広告・営業活動などのあらゆる側面に経営資源を投入する必要があり，効率的にイメージを形成することがができないからである。

したがって，企業の戦略としては，特定の事業に焦点を合わせ，技術や価格についての明確な優位性を形成し，それを需要者に印象づける戦略を

とることが有効と考えられる。こうして潜在顧客から需要情報を吸引できる地位を築き，その絞り込まれた分野における需要情報に基づいた新製品開発を進めることで，問題解決能力の高さについての評判や実績をますます高め，それがさらに需要情報を吸引するという好循環を形成することができる。

◆関係ベースの情報収集

顧客数が限られていて，新規顧客の開拓余地がもともと少ない状況では，顧客の需要情報は，既存の顧客から直接的に収集されるようになる。つまり，特定の顧客にさまざまな部品や原材料，設備・機械などを販売している状況で，新たに提案する新製品を開発するために，顧客から需要情報を聞き取るのである。このような需要者から直接，情報収集することは，顧客が特定され，継続的な関係が形成される生産財において特徴的な方法である。

この情報収集では，その特定顧客との信頼関係が構築されていることが前提条件となる。ただし，この場合の信頼関係には，相手を裏切るような機会主義的な行為をしないという意味での信頼と相手の期待に応えられるという意味での信頼の2つの意味が含まれている。

顧客から需要情報を収集することは，顧客が現在抱えている問題を聞き出すことでもあるため，その顧客が接触するどの企業に対しても自らの問題を明らかにすることは考えにくい。そのようなことをすれば，その顧客企業の弱みや将来の製品計画を競合企業に知らせてしまうことになり，しかも，取引する場合の交渉でも足元を見られ，不利になる危険性が高くなるからである。また，問題を解決する能力がなさそうな相手に問題を知らせても無駄であるうえに，むしろ，情報が漏れる危険性を高めることになる。つまり，情報を漏らしたり，情報を交渉の道具に使ったりするという機会主義的な行為をしない相手で，さらにその問題を解決する能力があると期待できる企業にのみ，需要情報を伝えることができる。

第7章　新製品を開発する

　また，その顧客との取引の蓄積から，顧客の状況についての情報をよく把握していることも条件となる。通常は，信頼関係が形成されるほど，コミュニケーションが緊密になり，情報共有が進み，顧客の抱える問題の背景や潜在的な問題についても理解できるようになると期待される。そうなれば，より深いレベルでの根本的な問題や顧客自身さえ気がつかなかった問題の解決策を提案することが可能になる。

　さらにもう1つの条件として，顧客企業との頻繁な接触機会をもっていることが情報収集において重要になる。生産財の場合，いったん取引関係が形成されると，保守サービスや受注などの頻繁な接触機会が発生しやすい。そのような顧客との接触機会は，すでに取引されている製品についての不満や改善の要望を聞く機会であると同時に，新たに発生した別の問題や需要について，時機を逃さず聞き出すチャンスをもたらすことになる。そのために，顧客との接触頻度が高いほど，顧客からの需要情報を他社よりも早く収集できる条件となるのである。

　ただし，既存の特定顧客から引き出した需要情報に基づいて新製品開発を行うことは，「イノベーションのジレンマ」として知られる不連続な変化への不適応をもたらす可能性がある。すなわち，特定顧客との間の緊密なコミュニケーションを通じて，既存の枠組みでの漸進的な製品の改良や双方がイメージできる既成の枠組みに基づく技術革新は促進される一方で，産業そのものが劇的に変わってしまうような連続性の少ない技術革新を引き起こせないどころか，それに速やかに追随することさえもうまくできないことが予想される。そのためこうした画期的な技術革新は，既存市場の周辺にいた企業によって提起され，また同じく周辺にいた別の顧客企業によって採用されることが多くなるのである。

　そこで，既存顧客からの情報収集に基づいた新製品開発で競争優位を築く企業は，この「イノベーションのジレンマ」を克服するために，既存顧客以外からの情報収集や主体的な技術革新を行う必要性があると言える。

4 新製品開発による優位性構築

◆ 4つの基本戦略

　新製品は開発すれば必ず競争優位をもたらすものではない。そこで問われるのが，その新製品にどのような優位性があり，新製品を通じていかに競争するかということである。そして，この競争優位を構築するパターンとしては，ポーター（Porter, 1985）のコストリーダーシップ戦略，製品差別化戦略，集中戦略という基本戦略が有名である。ただし，生産財の場合には，消費財と異なり，製品のカスタマイズがよく行われ，しかも，こうした顧客への適応のために取引関係や組織体制のあり方が大きく異なるために，基本戦略において顧客適応の局面が重視されることになる。そこで，ホーカンソン（Håkansson, 1980）は，図7-3のような4つの基本戦略を提示している。

　この基本戦略を決める垂直の軸は，製品自体に埋め込まれた技術水準の高さである。製品に先進技術が使われ，またその先進技術が製品機能として顧客から期待されているかどうかを表している。言い換えれば，技術革新による製品差別化の高さを表すものである。そして，もう1つの水平の軸は，顧客適応の水準であり，新製品開発に関して言えば，製品を個々の顧客ごとにカスタマイズするかどうかを表している。

　そして，この2軸で定義された4つの基本戦略は，図7-3に示すように，低価格戦略（low price），製品開発戦略（product development），顧客開発戦略（customer development），顧客調整戦略（customer adjustment）である。

　以下では，この4つの基本戦略について新製品開発による優位性構築のパターンを検討することにしよう。

第7章 新製品を開発する

図7-3 生産財マーケティングの基本戦略

	顧客適応水準	
	低	高
製品の技術的水準　高	製品開発戦略	顧客開発戦略
製品の技術的水準　低	低価格戦略	顧客調整戦略

（出所）　Håkansson（1980）p. 368.

◆**低価格戦略**

　新製品開発において低価格戦略を採用するとき，新製品の低価格化・低コスト化が重要な課題となる。そして，包括的な市場セグメントを対象とする場合には，価格志向のとくに強い限られた顧客層を対象とする製品機能の制限ではなく，標準的な仕様や機能をもつ製品の低コスト化を追求する必要がある。

　その中心的な役割を果たすのが，規模の経済性である。とくに製品ごとの生産数量を大きくすることができれば，大量生産による生産コストの低廉化を実現することができる。まず，生産設備や先行的な開発投資が巨額になるほど，生産数量を大きくすれば，製品1単位当たりの生産コストや開発コストを引き下げることができる。また，生産量が大きくなれば，機械化や自動化の導入が可能になったり，海外の工場において低い労働賃金による低コスト化を実現したりすることも可能になる。さらに，大量に同じ製品を生産するために，その製品の部品・原材料も大量に調達することになり，部品・原材料の供給業者に対して交渉力を発揮したり，低コストで生産する業者を世界中から選別したりすることもできる。

　そして，この規模の経済性を有効に利用するためには，製品の品種をできる限り絞り込み，標準的な仕様の製品に集約することが重要になる。品種を多様化するほど，生産が複雑になり，部品・原材料も多様化して，生

産コストが高まるからである。また，見込み生産の場合には，多様な品種の在庫リスクがコストアップの要因になることも考えられる。

　このような「選択と集中」の意思決定を進めるためには，集権的なトップダウンの組織構造が必要とされる。「選択と集中」を事業部間のコンセンサスに基づいて決定することは難しく，また，その意思決定のリスクを事業部の限られた権限のもとでは適切に処理できないからである。

　また，製品の低コスト化に寄与する別の要因として，経験効果（または学習効果）がある。規模の経済性がある時点での生産量に注目するのに対し，経験効果はそれまでの累積の生産量による生産コスト引き下げの効果を表している。すなわち，累積生産量が増えるほど，生産ノウハウが蓄積され，効率的な生産方法に改善されたり，不良品率が抑制されたりして製品1単位当たりのコストが低下するのである。

　この経験効果を利用して低コスト化を実現するためには，他の企業よりも先に参入し，いち早く大量生産のラインを立ち上げることが重要となる。また，後発的に参入した場合でも，先発業者の経験効果に追いつくように，生産量を急速に拡大することが必要となる。そのような意思決定は，リスクを積極的に受容することが必要となるために，やはり集権的な組織構造が適していると言えるだろう。

　なお，この経験効果は累積生産量から経験の蓄積を推測するものであるが，この経験の蓄積に注目すれば，別の方法でもその効果を達成できる。その1つは，学習のスピードを速めることであり，生産工程における試行錯誤を許容する組織文化や情報を共有できる仕組みをもっている企業では，他の企業よりも速やかに経験から学び，生産方法を改善することができる。そしてもう1つは，生産設備などに取り込まれた技術を利用することで，生産設備メーカーなどの他社で蓄積された経験を有効に利用することができる。これらは後発的に参入する企業が，短期間で経験効果を引き出して，低価格化を実現するために，しばしば用いられる手法である。

第7章　新製品を開発する

◆製品開発戦略

　製品差別化には，製品の特徴によるもの以外にも，チャネルやサービス，広告活動などによって製品を差別化するものがあり，また，製品の特徴による差別化には，製品の技術による差別化のほかに，製品のデザイン，品揃え，品質の安定性などの特徴による差別化や製品のカスタマイズによる差別化などがある。そして，この製品開発戦略とは，これらの製品差別化戦略のうちの製品の技術による差別化を追求する戦略で，わかりやすく言えば，競合製品よりも高い水準の技術・性能や競合企業が提供できない独自の技術によって顧客のロイヤルティを確保する戦略である。

　この製品開発戦略を展開するためには，新製品開発についての技術革新が前提となる。それは先行的で多大な技術開発・製品開発への投資をともなうため，その開発投資への経営資源の配分が重要な意思決定の課題となる。

　ただし，この経営資源の配分に関わる意思決定は，開発する技術が革新的になるほど，トップマネジメント層において集権的に行われることが多い。それはある技術革新を成功させるためには，開発テーマを絞り込み，その分野に経営資源を集中させることが必要になるためである。すなわち，ミドルマネジメント層では，事業部を超えた経営資源の配分の決定権限がないことに加えて，その開発の成否や市場需要を予測することがあまりに難しいために，そのような高いリスクに対して保守的な意思決定になりやすいからである。

　また，この開発投資の意思決定においては，競合企業における技術革新の脅威が重要な影響を与える。すなわち，競合企業が技術的に追随したり，いっそうの技術革新によって，製品の技術的な優位性を覆したりすることによる脅威が，技術革新への取組みを促進するのである。なぜなら，競合企業が技術的に追随すれば，市場が奪われることに加えて，競合製品と同質的な製品となるために価格競争が発生し，利益も低下するために，競合企業が追随する前後には次の技術革新を市場にもたらすことが重要となる

からである。

　さらに，革新的な新製品開発においては，開発にリスクをともなうだけでなく，市場が受容するまでに時間を要するという問題に直面することがある。それは顧客の販売する製品の品質に影響する生産財であるがゆえに，顧客がまったく実績のない新技術を採用するリスクを知覚するためである。つまり，その技術革新に問題がないことを実績として確認しないことには採用を躊躇してしまうのである。ただし，他方で顧客は，いち早く新技術を有した部品や原材料，機械・設備などを採用することで，競争優位を築きたいと考えている。

　そこで重要になるのが，それまでの技術革新の実績から形成される企業の能力への信頼である。新しい技術の製品を次々と市場に出してきた実績が，新技術を採用するリスクについての知覚を和らげて，むしろ採用のメリットへの期待を高めるのである。その意味でも，製品開発戦略においては，技術革新を次々に行うことが重要となる。

　さらに，この製品開発戦略では，低価格戦略と同様に，包括的な市場セグメントをとらえて，その市場でのトップシェアをとることが要求される。それは，まず先行的な開発投資が大きくなるために，生産数量を大きくすることで製品単価を引き下げるためである。そして，トップシェアであることで，前述のように顧客からの需要情報を吸引することができ，その需要情報から次の技術革新の方向性を的確に判断できるということも考えられる。また，その製品市場においてトップシェアであることから，その製品を生産するために利用される部品や原材料，機械・設備のメーカーから，大口ユーザーとして評価されるだろう。すると，これらの部品や原材料，機械・設備のメーカーにおいて生まれた技術革新は，他の競合企業よりも早く提案してもらえる立場に立つことになる。つまり，これらのメーカーにおける技術革新を早く採用することで，新製品開発の競争を有利に進めることもできるのである。

第7章　新製品を開発する

◆顧客開発戦略

　顧客開発戦略で展開される新製品は，高い水準の技術を基礎としながら，個々の顧客の注文に応じて製品仕様をカスタマイズする製品となる。これは製品のカスタマイズによる製品差別化で，消費財では少ないが，部品や機械・設備などの生産財ではしばしば見られる戦略である。

　この戦略では，革新的な技術をもつ新製品を開発することが前提となるために，製品開発戦略と同様に，先行的な開発投資をまかなうように，広範な市場セグメントを対象として，高い市場シェアを確保することが必要となる。他方で，そのような多くの顧客の多様な製品仕様に関する注文を迅速かつ柔軟に処理できる情報処理や生産の体制も必要になる。

　ただし，この2つは組織にとって矛盾した要請となる。なぜなら，包括的な市場セグメントを対象とするとき，顧客数が多くなるうえに，顧客の需要も多様になりやすいが，他方で顧客数が多く，顧客需要が多様になるほど，個々の顧客に向けてカスタマイズを迅速かつ柔軟に行えなくなるからである。

　まず，顧客への個別対応を行う場合に，顧客との信頼関係を構築する必要があり，その信頼関係を多数の顧客との間に構築するのに，多大なコストがかかる。とくに革新的な技術をもった生産財の場合には，顧客はカスタマイズされた製品によって問題解決を期待するため，売り手企業は顧客の問題について正確に把握することが前提となる。つまり，顧客の問題について情報を収集できなければ，顧客の問題解決のためのカスタマイズが不十分となり，顧客の満足が得られず，取引関係を継続することができないのである。

　そして，顧客の問題を正確に理解するためには，顧客との取引や接触の経験から学習することや顧客が情報を開示することが必要となるために，営業担当者などが個々の顧客と頻繁に接触して，顧客との間に信頼関係を構築する努力をしなければならない。

　また，個々の顧客の多様な需要に応じて製品を設計し，生産すれば，開

発部門や生産部門では，設計や生産の効率性が著しく損なわれるうえに，限られた開発部門や生産部門の人員では対応しきれないという問題も発生する。そうなると，開発部門では，次の技術革新を生み出すことができず，生産部門では，需要があっても生産能力の制約があるために広範な市場セグメントを対象にすることができなくなるのである。

　以上のような革新的な技術を広範な市場に提供することと個々の顧客に向けてカスタマイズすることの矛盾を解決するために，顧客開発戦略では，2つの対応が考えられる。

　まず1つは，顧客の数を限定することである。これは，もともと顧客数が限られている産業では当然の選択となるが，顧客数が多い産業においては，市場セグメントを大規模企業層に絞り込むことを意味する。というのは，大規模企業のユーザーになるほど，高い水準の技術を採用しやすくなり，また購入量がまとまるために，いったん関係が構築されると，営業コストをあまりかけずに効率的に取引できるからである。すなわち，広範な市場をねらうことを抑制して，大口ユーザーを対象とした特定顧客への個別の対応を推進する戦略をとるのである。

　そしてもう1つは，広範な市場をとらえるために，新製品開発と並行してプロセス革新に取り組むことである。

　たとえば，製品の設計段階では，標準仕様の比率を大きくしたり，設計において標準化された構成要素をモジュールとして，その組合せで，多様な需要に対応できるようにしたりすることで，設計の共通化や事前の設計によって，効率性や柔軟な対応力を確保するのである。生産段階でも，生産プロセスを改革して，標準化された部分を先行的・計画的に見込み生産し，顧客の注文に応じてカスタマイズする部分を後工程に移したり，生産ラインを情報化・自動化することで，多様な注文情報に迅速かつ柔軟に対応できるようにしたりすることである。

　営業段階でも，顧客ごとにカスタマイズできる領域を戦略的に絞り込み，顧客からの情報収集をこのカスタマイズ部分に限定するような営業プロセ

スにすることが行われる。すなわち，営業担当者は，製品の標準仕様からなるプロトタイプを顧客に示し，顧客から残りのカスタマイズ部分についての需要を聞き取るのである。

その場合，まず，顧客に対して標準仕様のプロトタイプが示されるため，顧客は製品についての需要や要望を具体的に表現することができる。しかも，カスタマイズ部分が絞り込まれていて，顧客も営業担当者もそこに関心を集中させた対話となるため，顧客の需要を聞き漏らすことなく，より深く理解することに結びつくと期待される。そして，このような営業活動では，顧客の需要情報を包括的に収集する場合よりも営業タスクの複雑性が低くなるため，多くの営業担当者を使って，多数の顧客からの需要情報を収集することが可能になるのである。

◆顧客調整戦略

顧客調整戦略では，新製品に関する技術上の優位性を追求せず，顧客への個別対応をする戦略である。この戦略で重要になるのは，顧客との取引における戦略的パートナーシップを形成することである。これも製品差別化戦略の一種であるが，顧客の取引に対するロイヤルティは，顧客における個別の問題を迅速に解決することによってもたらされる。たとえば，顧客が需要する部品や原材料，機械・設備などが，利用環境の特殊性から，他産業とは異なる付加的な機能が求められたり，あるいは，迅速な保守サービスが必要であったりする場合，そうした個別の問題解決を適切に行うことで，顧客を囲い込むのである。

顧客調整戦略を採用する場合，顧客の問題の固有性が重要となるために，顧客との信頼関係を構築して，顧客需要に関する情報収集に努めなければならない。顧客の側でも，そうした標準化されない問題が解決されることに付加価値を認めるために，取引関係を継続するのである。

ただし，基本的な機能やコストよりも製品の付加的な機能やサービスについての需要が強い顧客の数は，一般的に限られたものとなる。そのため，

顧客調整戦略をとる企業は，大企業よりも中堅・小規模企業が多いと予想される。しかも，大企業がこうした市場に参入しても，顧客との間に信頼関係を構築することに時間がかかるうえに，獲得できる市場規模がもともと小さいために，営業活動やサービス活動に経営資源を投じても得られる成果が少ないとして，市場参入の魅力が少ないと判断されやすい。したがって，顧客調整戦略が成立する産業は，市場シェアにおいて下位の中堅・小規模企業が特定の顧客を囲い込み，存続しうる産業と考えることができる。

ただし，この顧客調整戦略で持続的に優位性を維持できるかというと，かならずしもそうとは言えない。むしろ，こうした市場では競合企業が参入する潜在的な脅威が高いと考えられる。たとえば，顧客の産業における競争が厳しくなり，顧客側の選好が基本的な技術・機能やコストに移行する可能性がある。また，技術革新によって付加的な機能を低コストで供給できるようになったり，付随的なサービスについての専門業者が登場したりすることで，新たな競合企業によって市場を奪われる可能性もある。

それゆえ，顧客調整戦略においては，顧客との信頼関係をベースに顧客からの情報収集に努め，それをより基本的な技術革新に結びつけることで，顧客開発戦略や製品開発戦略に転換することが，長期的な課題であると言えるだろう。

演習問題

1. 生産財事業を1つ取り上げて，そのライフサイクル戦略を分析しなさい。
2. どのような生産財産業において積極的な新製品開発が重要となるかを説明しなさい。
3. 新製品開発において顧客からの情報収集を効果的に行うための組織的条件を説明しなさい。

第 7 章　新製品を開発する

4　「イノベーションのジレンマ」が発生した製品事業を取り上げて，それを回避するためには，どのような行動が必要かを考えなさい。

5　新製品開発についての 4 つの基本戦略である，低価格戦略，製品開発戦略，顧客開発戦略，顧客調整戦略のうち 1 つを取り上げ，具体例を用いて，その戦略を説明しなさい。

第8章

営業体制をつくる

1 生産財の営業活動

◆営業とは

「営業」という用語は，日常的にいくつかの意味で使われている。たとえば，「この店は営業している」という場合と「彼は営業をしている」という場合とでは，同じ「営業」という言葉でも異なる意味で使っている。前者は操業や経営という意味であり，営業利益や営業停止などで使う「営業」と同じ意味である。それに対し，後者は営業担当者が販売活動をしているという意味になる。

この2つの用法で言えば，ここで説明する営業の意味は後者により近いものとなる。ただし，正確には営業活動と販売活動は同じものではない。営業活動というのは，販売活動だけでなく，顧客からの情報収集活動や事後的なサービス活動などの前後の過程を含んだ顧客との関係構築・維持に関わる活動としてとらえられるからである。また，顧客との関係構築・維持の活動ということから，営業活動は営業担当者だけの仕事ではなく，営業担当者と連携して顧客に対応する開発や生産，サービスなどの職能部門

第8章　営業体制をつくる

の担当者を巻き込んだ活動として考えられている。

　そして，これらの特徴は生産財において顕著となる。生産財では，カスタマイズなどで顧客からの直接的な情報収集が重要になり，さらに情報収集や問題解決において技術者との連携も必要となるからである。

◆**営業プロセス**

　「営業」をこのように考えると，営業プロセスというのは，営業担当者個人の活動プロセス，あるいは営業担当者が顧客と接触する段階からはじまるプロセスではなく，企業レベルで顧客との接点において展開される売り手企業の活動のプロセスとして把握される。このような営業プロセスは，大きく分けて3つの活動局面から構成されると考えることができる。

　第1の段階は，営業活動の事前段階で，これは営業担当者が潜在顧客に接触する前に広告やダイレクトメール，展示会を使った情報提供を行ったり，あるいは営業支援のスタッフ部門において潜在顧客の情報を収集・分析したりする段階である。

　生産財の場合，店舗を構えて，そこに顧客を吸引することは少ない。もともと需要者が地理的に広く分散しているので，店舗では多数の販売拠点が必要となり，しかも品揃えのニーズも少ないため，店舗販売では効率が悪いからである。そこで，営業担当者が顧客のもとに訪問して商品を販売することになるが，顧客のニーズは外部に出にくいため，どの顧客が商品を欲しているかを接触以前に知ることは困難であり，やみくもに潜在顧客を訪問する「飛び込み営業」では非効率である。

　そこで，効率的に潜在顧客を発見することが重要となるが，そのためには2つのアプローチが有効となる。1つは，広告やダイレクトメール，展示会により問題やその解決策の認識を広めて，顧客からの問い合わせを発生させるのである。また，これらの情報提供活動を通じて製品の需要を喚起することができれば，営業担当者がはじめて接触した場合でも，顧客からの「門前払い」に遭遇する危険性が低下し，それだけ営業活動の効率性

（営業効率）を高めることができる。

　そしてもう1つは，事前に見込み顧客をリストアップすることである。生産財の場合には，製品の需要者が産業や企業規模から特定されることが多く，また，戦略的に顧客層を企業規模や地域で絞り込むことも多い。これらの条件を企業データや他事業部での取引記録から抽出し，営業活動を展開する対象企業を絞り込むことで，有望な見込み顧客に営業活動を重点的に行い，営業効率を高めるのである。

　さて，第2の段階は，営業担当者が顧客に接触して商談を行う段階である。具体的には，顧客に製品を提案し，交渉し，契約締結（クロージング）を行うまでの過程である。後述するように，特定の顧客と反復的・継続的に取引している場合には，この第2段階から営業プロセスがはじまることも多い。

　この第2段階は営業担当者が中心となって推進する過程となり，多くの場合，営業担当者が顧客のもとに訪問しているために，会社から離れた場所での担当者の意思決定をどのように管理するかが重要な課題となる。営業担当者に意思決定の権限を委譲する形では，担当者の能力の制約があるために，担当者が失敗するリスクをともなうという問題が発生する。逆に権限を委譲せず本部で集中して意思決定する形では，顧客の状況についての見落としや情報不足から顧客適応が不十分になったり，顧客への回答が遅れたり，また，本部の情報処理能力の制約があったりするという問題が生じる。

　また，この段階において接触するのは，顧客企業の購買・調達の担当者だけでなく，その製品を実際に利用する部門の技術者も含まれる。すなわち，営業活動において，ユーザーの技術者から製品に対する需要情報を聞き，技術的な提案や仕様の打合せをしなければならない。このとき営業担当者の限られた技術知識では対応できないために，開発や顧客サービスの担当者の協力を得て，顧客との接触・交渉を進める必要がある。したがって，この段階の活動においても，他の部門との連携・協力が重要な課題と

第8章 営業体制をつくる

図8-1　営業の3つの活動局面

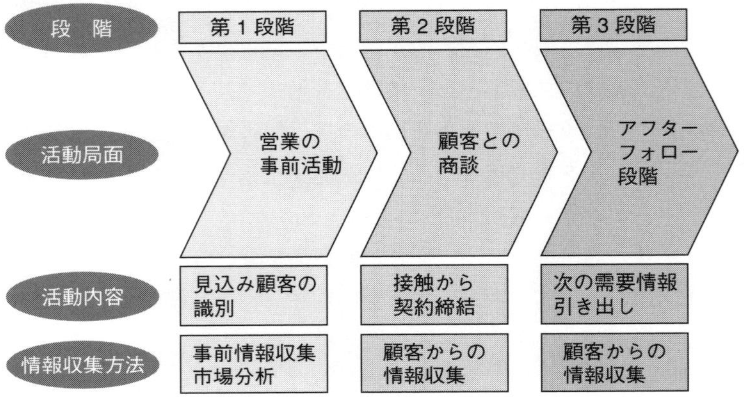

段　階	第1段階	第2段階	第3段階
活動局面	営業の事前活動	顧客との商談	アフターフォロー段階
活動内容	見込み顧客の識別	接触から契約締結	次の需要情報引き出し
情報収集方法	事前情報収集　市場分析	顧客からの情報収集	顧客からの情報収集

なることが多い。

　そして，第3段階は，アフターフォローの段階である。ただし，特定の顧客と反復的・継続的に取引している場合では，案件ごとにはアフターフォローの段階はあるものの，第2段階と第3段階が営業活動のなかで峻別されているわけではなく，前回の取引のアフターフォローが，次の提案・交渉になっていることも多い。その意味で，アフターフォローの段階は，顧客の製品への評価を確認して，好意的な評価であれば，次の取引の足がかりとし，問題が見出されたら，その問題を解決することで，関係を維持することをめざすこととなる。また，反復的に取引をしない産業でも，このアフターフォローの段階での関係構築の努力が，他事業部での取引を展開するための有力な基盤となるのである。

　なお，この段階のアフターフォローは，保守サービスを含んだものとなり，そのような顧客サービスは，営業担当者とは別の専門のサービス担当者によって遂行されることが多い。すると，アフターフォローの活動として，顧客サービス活動と営業活動とをどのように分担させて，またどのように両者の連携をとっていくのかが課題となりやすい。

2 営業プロセスを設計する

◆営業プロセスの問題

　営業体制は，営業プロセスと営業組織の2つの要素から成り立つと考えることができる。つまり，営業体制をつくるというのは，営業プロセスと営業組織の2つの要素を設計することになる。

　まず営業プロセスの設計とは，前に述べた企業レベルでの顧客との接点において展開される営業プロセスの特徴を決めて，顧客への効果的で効率的な営業活動が展開できるようにすることである。この営業プロセスの特徴については，さまざまなものが考えられるが，ここでは，前述の営業プロセスの課題に対応するものとして，顧客の需要情報を収集する段階と営業管理様式の2つの局面における特徴を取り上げることにしよう。

◆顧客の需要情報を収集する段階

　営業プロセスにおいて営業成果に強く影響する活動については，売り手企業はそれを重視し，人材などの経営資源をより重点的に配分することになる。ただし，その成果に影響する段階というのは，その事業の性格や戦略によって異なったものとなる。

　とくに営業プロセスにおいて顧客の需要情報を収集する活動は，営業活動の展開のみならず，製品開発や生産，顧客サービスなどにとっても重要な活動である。それゆえ需要情報を収集する活動をどの段階で行うかが，営業プロセスの特徴を識別するうえで重要なポイントとなる。

　まず，顧客の需要情報を収集する方法には，営業担当者が顧客に接触する以前の第1段階において情報を収集する方法と，営業担当者が顧客と交渉するときや取引後のアフターフォローの第2段階・第3段階で収集する方法とがある。

これらのうち後者の方法は顧客から直接，需要情報を収集するという特徴がある。顧客から直接的に需要情報を得ることができれば，製品を開発しても顧客が購入しないという市場リスクを引き下げることができるうえに，その需要を発見してから，それを分析し，開発の意思決定を行うまでのプロセスを圧縮できるために開発スピードも速められることになる。

　しかし，顧客数が多い場合には，顧客からの情報を収集するために多くの営業担当者が必要になり，しかも，そうして集められた多様な需要情報をうまく集約しなければ，製品モデルは顧客の数だけ必要になる。

　また，顧客から需要情報を収集する際に，顧客との間に信頼関係が形成されていないと，顧客が情報を提供しようとはせず，顧客からもたらされる情報も不正確であったり，正しく解釈できなかったりする。ところが顧客数が多い場合には，個々の顧客との信頼関係を築くためには，その関係構築のコストが大きな負担となる。

　したがって，情報収集や信頼関係の構築が障害となるために，顧客数が多い場合には，顧客から直接的に情報収集することが難しくなる。このとき，生産財においても，消費財と同じように顧客と接触する前の段階において，市場情報をさまざまな方法で収集して分析する段階の重要性が高くなると予想される。

　すなわち，特定少数の顧客に対応するか，それとも多数の顧客に幅広く対応するかによって，顧客と接触してからの第2・第3段階における情報収集が重要か，それとも第1段階における事前の情報収集や市場分析が重要かという営業プロセスの特徴が決まると考えられる。

◆**営業管理様式**

　第2段階における1つの重要な課題は，会社から離れた場所での営業担当者の意思決定をどのように管理するかという問題である。これは営業管理様式の問題であり，営業担当者の権限や裁量を認めるアウトプット管理と担当者活動をプロセス指標で細かく統制するプロセス管理の2つが代表

的な管理様式とされている。

　まず，アウトプット管理では，営業担当者の活動内容について営業部門の管理者が指示や監視をあまり行わず，営業活動の評価や報酬において，営業担当者の達成した売上や利益などの成果（アウトプット）による直接的で客観的な測度を用いることが基本になっている。したがって，管理者は現場の担当者が期待どおりの営業活動をしているかどうかを，営業成績から判断することになる。そして，営業成績を反映した報酬体系にすることで，各担当者がより高い営業成績を達成するように動機づけるのである。

　また，このアウトプット管理では，どのような営業活動をするかの判断を営業現場の担当者に任せているために，現場の情報を集めたり，その情報を分析したりするのも，営業担当者の役割となっている。そのため営業担当者が期待された営業成績を上げていない場合，管理者が成績不振の原因を探るような詳細なデータをもともと収集していないゆえに，営業成績から推測される原因や自らの経験からアドバイスを行い，担当者の分析を助けることしかできないのである。

　しかも，営業現場の状況は，きわめて多様かつ曖昧で変化しやすいものであるために，営業活動のスキル・ノウハウは，それぞれの担当者が経験を通じて習得し，個人の性格や顧客の状況にふさわしいスキル・ノウハウを見つけ出していくことが前提となっている。また，そのように個々の顧客との取引状況に合ったスキル・ノウハウが，顧客との関係を深める条件にもなる。それゆえ，管理者が自らの成功体験に基づいて行動を指示しても，過去に成功した行動が別の状況でも有効とは限らないことになる。そこで管理者は，具体的な指示よりも，営業スキルの自己開発につながるような経験や意欲，あるいは「努力」「勘」「度胸」といった要因を強調した話をすることになるのである。

　それに対しプロセス管理というのは，営業担当者の活動についてプロセス指標を利用してできるだけ情報を収集し，管理者は営業担当者に対して，行動についてのさまざまな目標と詳細な指示を与える管理である。また営

図8-2 営業管理様式の選択

		営業プロセス知識	
		十分	不十分
営業成果を正確・包括的に測定する能力	高い	アウトプット管理またはプロセス管理	アウトプット管理
	低い	プロセス管理	クラン

(出所) Anderson and Oliver (1987) p. 81.

業担当者の評価や報酬においては，売上や利益のような成果だけでなく，営業担当者の能力や製品知識の水準，訪問件数などの営業活動へのインプットを含めた複合的な尺度を用いるのが特徴となる。

さて，この2つの管理様式のうち，いずれを選択すべきかという問題については，営業活動をとりまく状況によって規定されるという考え方がある。たとえばアンダーソン＝オリバー（Anderson and Oliver, 1987）は，アウトプット管理やプロセス管理がどのような状況で選ばれるかについて，図8-2のように示している。

ここでこの選択に影響すると考えられているのは，第1に，何が効果的な営業活動かが事前にわかるかどうかを表す営業プロセス知識という要因である。すなわち顧客の需要が多様で不確実な状況のように，営業担当者がどのような活動をすれば販売成果に結びつくのかを事前に予測しがたい場合は，営業プロセス知識が不十分ということになる。逆に顧客間で共通の需要があったり，顧客需要が安定していたりする状況では，どのような営業活動が有効かは他の顧客への実績や過去の経験から推測できるので，営業プロセス知識が十分にあることになる。

そして，営業プロセス知識が十分であるほど，プロセス管理がしやすくなると予想される。それはプロセス管理で営業活動のプロセス指標に基づいて営業活動を改善するためには，どのような営業活動が有効かを考える

2 営業プロセスを設計する

基準や枠組みが安定しているほうが望ましいからである。言い換えれば，顧客需要が多様で不確実な状況では，顧客ごとや状況ごとに多様な営業活動が展開され，成果のばらつきも大きくなるために，営業活動における行動と成果の因果関係がなかなか特定できず，望ましい営業プロセスに向けての管理が難しくなるのである。その場合にはプロセス管理のメリットが発揮されず，管理の複雑さというデメリットが強調されるので，アウトプット管理が採用されやすいと予想される。

さらに図8-2では，管理様式の選択についてもう1つの要因が示されている。それは企業が期待する営業成果を正確かつ包括的に測定できるかどうかという要因である。

企業が期待する営業活動の成果は，その時点での売上や利益とは限らない。顧客との信頼関係を構築することや，将来の売上・利益になる新たな製品や地域についての市場開拓で布石を打つことも，重要な成果となる場合もあるからである。そのような要素を含めた営業成果を現場の営業担当者がどこまで達成したのかについて，管理者は正確かつ包括的に測ることができるかどうかが問題とされるのである。

そして，企業の戦略や市場における競争の特性によって，顧客との長期的関係や新市場開拓などがあまり重要ではなく，短期的な売上や成果を上げることだけが優先される状況では，アウトプット管理が有効と考えられる。それは営業活動の目標を短期的な売上や利益におくことの弊害が少ないために，アウトプット管理のデメリットが小さいと考えられるからである。また，このような状況ではシンプルに短期的成果を上げるように営業担当者を動機づけるほうが，彼らの営業活動は活性化しやすく，それだけアウトプット管理のメリットが出やすいのである。

それとは反対に顧客との信頼関係や新市場開拓などが重視される状況では，企業が期待する営業活動の成果を測りづらくなる。顧客との信頼関係は短期的な指標で数値化してとらえることは難しく，新市場開拓などは手間がかかるわりに売上に結びつきにくいために，売上や利益でとらえると

第8章 営業体制をつくる

その努力を評価できないことになるからである。そういう状況では、アウトプット管理にすると営業担当者が短期的な売上や利益を追い求めるということになるので、プロセス管理が必要になるのである。すなわち、プロセス管理によって営業活動を制御し、顧客との関係維持や新市場開拓などの短期的な成果に表れにくい活動を引き出すことが重要となる。

このような2つの条件で考えると、図8-2のように営業プロセス知識が十分にあり、企業の期待する営業成果を測定できない場合にはプロセス管理が選ばれ、営業プロセス知識が不十分で、営業成果を単純に測定できる場合にはアウトプット管理が選択されると予想される。さらに営業プロセス知識が十分にあり、しかも営業成果を測定できる場合には、アウトプット管理とプロセス管理のどちらでも可能になる。

そして、この図式からは、アウトプット管理とプロセス管理の両方が適さない場合が予想される。それは営業プロセス知識が不十分で、しかも企業の期待する営業成果を適切に測れない場合である。このとき望ましい営業プロセスがわからないためにプロセス管理は有効ではなく、短期的な売上や利益でとらえられない営業成果があるためにアウトプット管理だけでは問題が発生しやすい。

アンダーソン＝オリバー（1987）は、この状態のときには第3の管理様式として「クラン」が採用されるとしている。「クラン」とはメンバーの目標や価値観が共通し、組織の目標に深いコミットメントを示すことに基づいて形成される集団のことである。営業組織において「クラン」が成立しているというのは、営業担当者が企業の目標や顧客との関係を大事にするという価値観を共有して行動し、それらの支障となる短期的な成果の追求を自ら避け、営業活動を詳細に監視しなくても企業や顧客との関係のことに配慮した行動をとるようになっている状態である。

3 営業組織をつくる

　営業組織とは，営業活動を展開するための組織のことであり，ある営業プロセスの輪郭が決まると，その望ましいプロセスを実現するために営業組織を編成し，組織の制度をつくる必要がある。したがって，この営業組織とは営業部門のことではない。前述のように営業プロセスが営業担当者だけの問題ではないことから，営業組織は，営業活動に関わる諸部門を含んだものであり，営業プロセスに関わるさまざまな制度，システム，コミュニケーションのネットワークを含んだものとなる。

　さて，この営業組織の特徴もさまざまにとらえることができるが，ここでは，次のように水平的な組織体制と連携のための組織体制の2つを取り上げることにする。

◆**水平的な組織体制**

　営業活動は顧客との接点で行われるために，数多くの顧客が地理的に分散すれば，営業拠点も地理的に分散して配置される。そして，どの程度広く営業拠点を分散させるかは，潜在的な需要者のうちどこまでを標的顧客とするかという戦略の条件によって規定され，この問題は，グローバル戦略に基づく拠点の国際的展開という問題にも発展する。

　ただし他方で，営業組織を水平的に広く展開させることについては，営業担当者という人的資源の制約をともなう。たとえば，事業の市場地域を急速に広げる場合には，営業担当者を数多く採用し，育成しなければならない。また，既存の市場地域から，有能な営業担当者を移転させたり，彼らの営業活動についてのスキルやノウハウを幅広く共有させたりすることも重要となる。

　しかし，営業活動が顧客との関係構築に関わる活動であるために，こう

した顧客との関係構築能力の高い人材を見つけて採用し，その能力を育成するのは容易なことではない。また，顧客との関係構築は人間関係の構築でもあるため，時間がかかるうえに，人材を移転させた場合には，それまでにつくられた関係を損なう危険性もある。しかもそのような関係構築のスキルやノウハウは，暗黙知であるために共有することも難しい。

　これらの拡張の障害は，コストに還元して考えることができる。つまり，有能な人材を雇用するコスト，未経験者を教育するコスト，その教育期間の人件費，情報共有のためのコストなどである。すると，営業組織をどの程度まで広げるかは，地理的な市場拡張にともなう売上の増加によるメリットとこれらのコストによるデメリットを比較して判断されることになる。

　たとえば，図8-3のように，横軸に市場規模（地域面積や顧客数など）をとり，市場拡張にともなう売上の変化を曲線Aで表し，市場拡張にともなう費用の推移を曲線Bで表すとしよう。曲線Aで売上の伸びが逓減的なのは，最初の魅力ある市場から離れることにともない顧客の密度や顧客当たりの売上が低下するためである。また曲線Bのように逓増的に費用が増えていくのは，営業組織の拡張に規模の経済性が少なく，むしろ，既存の人材や教育方法が使えなくなり，それらに新規の投資が発生したり，有能な人材を次第に確保しにくくなったり，あるいは競合関係が厳しくなり，営業効率が悪くなったりすることを意味している。

　そして，他の費用は一定と考えると，短期的にはXのレベルで最も高い利益が期待されることになる。ただし，現実には，Xのレベルを超えて市場拡張を選択することがよくある。それは，第1に，未開拓の市場にライバル企業が参入することで，その企業とのシェア争いにおいて不利になる危険性があるからである。第2に，営業担当者が経験を重ねて能力をつけたり，教育方法が確立されたりして，費用曲線Bが，長期的にはシフトダウンすることが期待されるためである。

　さらに，営業組織の水平的な拡張を確保する方法がある。それは，営業組織の拡張において規模の経済性をつくり出すことであり，具体的には，

3 営業組織をつくる

図 8-3 営業組織の水平的拡張

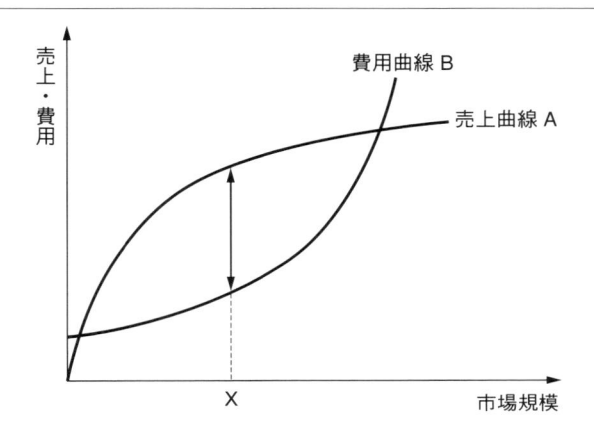

営業プロセスにおいて標準化される作業の割合をできる限り多くすることである。そうすれば営業組織を水平的に拡張しても費用の増加を抑えることができ，市場拡張を追求できるようになるのである。

まず営業プロセスの第1段階は，最も標準化しやすい活動であり，それゆえに本部で集中的に作業を行うことで効率化を追求できる。また，この第1段階の比重が大きい産業では，この局面の標準化による市場拡張が推進されやすいと考えることができる。

それに対して，第2段階や第3段階は，一般的に標準化が難しい活動が多く含まれている。顧客の需要が多様であるうえに，顧客関係の構築に関わる活動には，人間関係や対話，心理が影響するために，それを共通にしてしまうことのデメリットが大きいと言える。ところが，営業担当者の活動やその能力育成において，顧客間や状況間で共通する部分をうまく見つけられれば，その標準化の効果により，営業組織の水平的な拡張可能性が大きくなる。したがって，営業組織の拡張を追求するためには，営業活動を標準化するための工夫や仕組みをもつ必要がある。それは営業プロセスの設計にも関わる問題であると言える。

そして，市場拡張の推進をもたらすもう1つの方法は，外部の営業組織を利用することである。すなわち，第10章で述べるように代理店などの間接販売の方法を用いることである。外部の代理店チャネルを利用することができれば，その代理店の既存の営業能力を利用することになるので，自社の営業担当者の能力を育成する時間が節約される。また，その代理店が別の製品で築いた顧客関係を利用できるため，顧客関係の構築に時間をかける必要もないのである。したがって，代理店チャネルを使うことで，迅速に市場の地理的拡張が可能になる。

ただし，代理店などの間接販売を利用することには，いくつかのデメリットがある。まず，最も大きな問題は，顧客と直接，接することがなくなるために，顧客の需要情報を収集できないことである。これは，顧客の需要に適合した製品を開発する能力を損なう危険性がある。また，代理店は別の企業であるために，顧客の選択や重点化したい製品などについての戦略の相違が問題になる場合もある。さらに，取扱い商品についての排他的な契約を結んでいない代理店であれば，他の製品と一緒に取り扱われ，かならずしも優先的に販売してもらえず，競合製品を同時に取り扱うときには，価格競争に巻き込まれやすくなるだろう。また，代理店との協力関係が構築されると，ある製品やある顧客について部分的に直接販売を展開したくてもできないという問題も発生する。

そして，産業や戦略の違いによって，このようなデメリットが少なく，むしろ，迅速に市場拡張が必要とされる状況では，外部の営業組織を利用した市場拡張が展開されやすいと考えられる。

◆ **部門間連携**

前に述べた営業プロセスの第2段階と第3段階における重要な課題として，営業活動を展開するうえで開発部門，生産部門や顧客サービス部門などの他部門との間で連携をとることがあった。具体的には，営業担当者がとらえた顧客の需要情報を開発部門に伝えたり，営業活動の状況を生産部

門や顧客サービス部門に伝えたりすることができれば，有効，かつ迅速な顧客への対応が可能となり，顧客との信頼関係をますます強固にすることができるのである。

　この部門間連携の必要性は，顧客がカスタマイズや受注生産のような個別の対応を望んでいる状況になるほど高くなると考えられる。それゆえ，顧客適応のニーズが高い状況ほど，営業プロセスの第2，第3段階の特徴として営業活動における部門間連携の行動が顕著になる傾向がある。

　しかし，そのような状況においても，営業担当者が他の部門担当者との間で円滑な連携を行うのは容易なことではない。まず，営業担当者が他の部門に伝えるべき顧客や営業活動の状況についての情報は，漠然としていて同じ状況を共有していない人には伝えにくいものである。つまり顧客とどのような関係が構築され，どのような営業活動が展開されているかという情報については，顧客と接触していない他の部門に情報が広がりにくいという問題がある。

　そしてもう1つには，開発部門や生産部門，顧客サービス部門などの他の部門はそれぞれ専門的な職能があり，多くの営業担当者に対応しなければならないことが，彼らのコミュニケーションに影響する。もしこれらの部門が特定の限られた営業担当者といつも共同作業をするならば，営業担当者と密度の濃いコミュニケーションが可能になり，顧客や営業状況についての情報も共有できるが，それは特定の大手顧客と取引する場合に限られる。顧客の数が増えると，どうしても多くの営業担当者と浅く広く情報交換しなければならず，そのために密度の濃い情報をやりとりしにくくなる。しかも，これらの部門では活動の効率性が要求されるために，多くの営業担当者からの個々の要望に応えることが難しくなる。それに加えて，営業部門と他の部門との間で顧客志向についての温度差があるとき，営業部門からもたらされる情報に対する他部門の関心が高くならずに，情報共有をいっそう難しくしていることも考えられる。これらの理由から，営業部門と他の部門との連携がとりにくくなるのである。

第8章 営業体制をつくる

　そこで，顧客との関係を深めるためにさまざまな職能部門が問題解決に向けて連携しなければならない状況では，この部門間連携を進めるように，営業組織の編成を工夫する必要がある。具体的には，営業部門，開発部門，顧客サービス部門などの複数の職能担当者を集めた職能横断的なチーム組織を編成することである。それは，重要顧客にのみ個別対応する顧客別チーム，一時的な編成であるプロジェクト・チーム，恒常的に設置され利益責任を負う事業部のような組織の場合など，多様な形態をとる。

　そして，このような組織では，組織の単位が小さく，しかも顧客の問題解決や事業の利益達成という目標が明確で業務が密接に関係するために，組織のメンバー間で目標が共有されやすく，職能担当者間でのコンフリクトは抑制されるのである。また，組織の単位が小さいために，コミュニケーションの機会が多くなり，顧客や営業活動の背後の状況についての理解も得やすくなるので，情報共有も進むのである。

4　営業体制をどうつくるか

◆関係志向と拡張志向

　これまで説明してきたように，営業体制をつくるというのは，営業プロセスと営業組織を設計することである。では，どのような営業体制をつくるべきかという問題であるが，ここで注意しなければならないことは，どのような状況においても有効な唯一最善の営業体制があるわけではないということである。つまり，産業の違いや企業や事業部の戦略の違いによって望ましい営業体制は異なると考えられる。

　この違いに最も影響を与える要素としては，営業戦略がめざす方向性の違いがある。すなわち，特定顧客との関係を強固に構築しようとする関係志向をめざすのか，それとも幅広く多数の顧客に営業活動を展開する拡張志向をめざすのかによって，望ましい営業体制が大きく異なると考えられ

るのである。

　まず関係志向では，既存顧客との関係を維持することが基本となる。それに対して拡張志向では，多数の潜在顧客と接触して製品についての新規の需要者の存在を発見し，販売することをめざすことになる。すなわち，拡張志向は，①多数の潜在顧客と接触すること，②新規顧客を開拓することの2つをともに含んでおり，顧客数が多数であっても，それぞれにおいて関係維持を志向する場合や，新規顧客であってもその数が少ない場合は，関係志向が強くなると考えることができる。

　そして，これらの志向の選択問題が発生するのは，営業活動に配分する経営資源の制約があるためである。経営資源の制約から，営業体制を関係志向にするか拡張志向にするかの選択が必要となり，また，その資源配分のパターンも関係志向か拡張志向かによって大きく異なることになる。

　たとえば，関係志向の営業体制では，特定顧客との関係維持に営業努力が投入され，その顧客に対する他の部門のサポートも集中させることが必要となるが，そのために多数の顧客に対する拡張志向を同時に追求することは，経営資源の制約を受けるのである。他方で，拡張志向の営業体制では，人材などの経営資源を地域的に広範囲に，大量に展開することになり，営業担当者が新規顧客の開拓に時間と労力を割くために，関係維持の努力が少なくなるのは避けられない。また，他の部門のサポートも，多数の顧客や多数の営業担当者に対して広く浅く，均質的になりやすい。多数の顧客に対して他の部門がそれぞれについて深くコミットするためには，多くの経営資源が必要となるからである。

　ただし，関係志向と拡張志向との中間形態や融合形態が，まったくないわけではない。たとえば生産財の販売代理店のように，多数の顧客との取引や新規の顧客開拓を展開しながら，個々の顧客とは関係継続を強く志向するが，タスクにおいて職能横断的な作業が少ない場合などがある。あるいは，企業の戦略として，基本は拡張志向でも，そのなかの重要顧客に対しては関係志向をとる場合もある。

第 8 章　営業体制をつくる

　しかし，この2つの志向を識別して，2つのタイプの営業体制がどのように異なるかを考え，さらに，営業体制の向かうべき方向性をこの2つで考えることは，営業体制のあり方を考えるうえで基本的な視座となる。そして，これらの間での営業体制の違いは，前に説明したような営業プロセスと営業組織の特徴の違いとしてとらえられるのである。

◆関係志向の営業体制

　関係志向の営業体制では，既存顧客との取引関係を維持・発展させることが目標となる。この場合，新規顧客の需要を開拓するよりも，既存顧客に内在する潜在需要を引き出し，その問題を解決するために，開発部門や生産部門，顧客サービス部門などが職能横断的に協力して，その顧客の問題を解決し，そのことで関係をますます強化することが基本になる。

　したがって，営業プロセスの特徴としては，第1段階の市場分析の比重が小さく，第2段階以降で，営業担当者が顧客との信頼関係を形成し，それに基づき顧客から直接，需要情報を収集したり，顧客に販促的な情報を提供したりすることが中心となる。つまり，営業担当者が顧客に接触する第2段階以降が，営業プロセスにおいて大きな比重を占めるのである。

　それはすでに長期的な関係の蓄積から信頼関係が形成されていて，顧客から需要情報を得やすくなっているためである。信頼関係があるために取引費用が低く，また，得られた情報を解釈するうえでも，先行的な取引経験や相互の企業についての知識から，情報を適切に解釈して，問題解決に結びつけることができる。したがって，営業担当者は，顧客との信頼関係を形成し，顧客からのさまざまな需要情報を収集することが重要な役割となる。また，顧客の反応によって柔軟に対応することが必要となるために，第1段階で営業活動の計画を綿密に立てたとしても，それを第2段階において柔軟に修正することが重要となる。

　そして，関係志向の営業体制における第2の特徴は，営業管理様式においてクラン型が採用されやすいことである。

まず，顧客の問題が複雑であり，顧客の状況によって期待される活動が多様に異なり，営業担当者が顧客から直接，情報を収集して柔軟に対応しなければならないことから，本社や管理者の営業プロセス知識は不十分であると考えられる。しかも，営業活動の成果として重要なことは，短期的な売上ではなく，顧客との信頼関係の構築や顧客の満足といったことであるために，営業成果を正確に測定することも困難である。

したがって，プロセス管理やアウトプット管理が適さないために，クラン型管理の選択が考えられるのである。具体的には，顧客志向という価値観を共有する営業チームが編成され，その顧客志向をベースにチームが特定顧客の問題解決や長期的な関係構築に自主的に取り組むスタイルである。ただし，実際には，この営業チームを動機づける必要があるため，担当する顧客をあらかじめ特定し，その顧客との取引額のような長期的なアウトプット指標に対して責任を負う形になる。

しかし，この関係志向の営業体制においてプロセス管理が採用される場合がある。それは，顧客の問題解決のためにさまざまな職能部門が連携・協力する必要があり，その部門間コミュニケーションを促進するためにプロセス管理が利用されるためである。営業活動や顧客の状況は曖昧なものであるために，営業担当者が他部門の担当者に伝えようとしてもうまく伝わらないことが多いが，プロセス管理を通じて営業活動や顧客の状況をプロセス指標でとらえることで，営業現場にいない他部門の担当者にそれらの状況を的確に伝えることができるようになるのである。

そして，関係志向の営業体制における第3の特徴は営業組織に関わることである。関係志向においては，特定顧客との関係を維持しようとするために，水平的な営業組織はあまり重要ではなく，特定顧客の問題解決のためにさまざまな職能部門が連携・協力するような組織が必要となる。したがって，顧客との接点で行われる活動が，営業部門だけの仕事ではないために，組織構造も営業部門や開発部門，顧客サービス部門という各部門に分かれた職能制組織ではなく，職能横断的で顧客別の小規模な組織のチー

ム制度が採用されやすい。

そしてそれらの組織では担当する顧客が決められ，営業担当者が他の職能担当者と連携して，顧客の需要情報を収集し，顧客の問題を解決することになるのである。このような職能横断的な小規模の組織であれば，顧客の需要情報や問題解決のための技術情報が内部の各職能担当者にすばやく正確に伝わり，小規模な組織単位であるがゆえに意思決定もすばやく行うことが可能になる。また，事前の状況についての情報も組織内でやりとりされるために，準備を早めに進めることで，迅速な生産ラインの立ち上げや開発期間の圧縮，効率的な方法の採用なども可能になる。

なお，このような顧客別の職能横断組織を編成する場合，顧客の数が多くなれば，開発や技術サービスなどの職能を顧客別に分割することで，その専門性や効率性が損なわれることが懸念される。その場合には，重要な顧客に対してのみ職能横断的なチームを編成し，他の顧客とは異なる対応をするというマルチプル・リレーションシップ戦略が採用される。

◆拡張志向の営業体制

拡張志向の営業体制では，第1に，営業プロセスの第1段階における情報収集の比重が大きくなるという特徴がある。それは，多数の潜在顧客に営業活動を効率的に展開しなければならず，また新規の市場で製品に対する需要が認識されていないことが考えられるため，営業担当者が接触する前に，市場を分析して，事前の計画を立てる必要があるからである。もし第1段階の準備が不十分である場合には，第2段階で営業担当者が企業に接触しても，もともと需要者ではなかったり，需要が認識されていなかったりして，「門前払い」に遭遇する危険性が高く，新規顧客開拓の効率性を大きく損なうことになる。また，多数の顧客に対して多数の営業担当者が営業活動をするために，事前の分析をしなければ，営業担当者の適切な配置もできないと考えられる。さらに，多数の新規顧客を開拓するためには，営業担当者が接触する前に広告やダイレクトメールなどで，事前の販

促的情報を流しておく必要があるが，そうした販促計画を立てるためにも，市場からの情報の収集と分析は重要になる。

　第2に，拡張志向の営業管理様式については，多数の顧客との取引額が目標となるために，売上などのアウトプット指標で営業活動の成果を測定しやすいと考えられる。そのため比較的アウトプット管理が選択されやすいことが予想される。

　とくに対象となる多数の顧客について，需要がそれぞれ異質である場合には，営業プロセス知識が管理者において十分に確保されないと考えられるため，ますますアウトプット管理が適した管理様式になる。すなわち，個々の多様な顧客需要に応じた問題解決を行ううえで，それぞれの営業担当者から集められた顧客の需要情報を集約して判断するよりも，個々の担当者において情報を収集して分析し，意思決定するほうが迅速で的確な判断を下せるために，営業担当者における活動の裁量性をできる限り与えて，売上などのアウトプット指標で管理するのである。

　ただし，拡張志向の営業体制でもアウトプット管理ではなくプロセス管理が選択される場合がある。まず考えられるのは，多数の顧客の需要が似通っていて，営業プロセス知識が比較的わかりやすい場合である。このときは，営業活動についての情報をできる限り集約して，担当者間で共有したほうが，全体の営業能力を引き上げることができるために，情報を本部や管理者に集約するプロセス管理のほうが望ましいことになる。後述するように，顧客の多様な需要情報についても，情報処理技術が進み，またその情報を処理できるような営業改革が導入されることによって，営業プロセス知識が把握されるようになり，プロセス管理の適用可能性は広がっていると言えるだろう。

　もう1つには，顧客の新規開拓が困難な場合など，市場拡張のために相当の営業努力が必要とされる場合には，アウトプット管理では販売成果を上げやすい既存顧客への営業活動に傾注することになりやすいため，プロセス管理が必要になる。これは，期待される営業成果の測定可能性が低い

図8-4　営業体制の2つの志向と管理様式

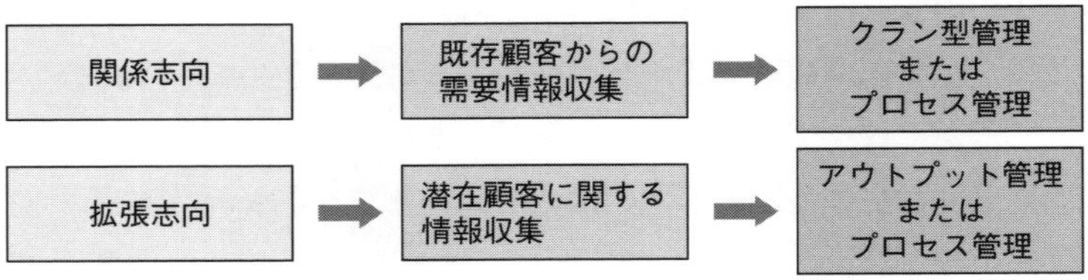

関係志向 → 既存顧客からの需要情報収集 → クラン型管理またはプロセス管理

拡張志向 → 潜在顧客に関する情報収集 → アウトプット管理またはプロセス管理

状況を意味している。

　そして拡張志向の第3の特徴として営業組織の特徴が挙げられる。すなわち拡張志向の営業体制では，前述のように営業プロセスの第1段階における市場の分析が重要となるが，第2段階以降でも，比較的見込みの高い多数の潜在顧客に効率よく接触できる営業組織が必要となる。

　具体的には，数多くの潜在顧客が地理的に分散しているので，営業拠点を各地に展開させることになる。そのため，拡張志向の営業組織では，適切な営業組織の配置計画を立てることと拡張のための経営資源の制約を解決することという2つの課題が焦点となる。

　前者の課題については，営業プロセスの第1段階における市場の分析を慎重に行うことで，経営資源の制約を考慮しながら営業活動を展開する地域を選択することになる。

　後者の課題では，能力や経験のある営業担当者を確保するために，雇用や教育のための計画や体制が重要となる。また，営業活動や教育，サポートについての標準化を積極的に用いることで，市場拡張に対する人的資源の制約を緩和する努力も必要になる。しかも，この標準化については，顧客の需要に共通性があるほど効果的になると考えられる。

　また，そのような拡張志向の営業組織を補完するために，外部の代理店を利用した間接チャネルも利用されやすい。とくに販売活動に焦点があり，顧客からの情報収集や顧客の問題解決のための職能横断的な対応が少ない場合では，代理店を利用することで，迅速に市場を拡張することができる。

5 営業プロセスの革新

◆**営業プロセス革新とは**

近年，SFA（salesforce automation：営業支援システム）や CRM（customer relationship management：顧客関係管理）のようなキーワードをともないながら，営業プロセス革新への関心が急速に高まっている。そこで議論になっているのは，個々の営業担当者レベルで営業活動のやり方を工夫して修正するという程度の変革ではなく，営業活動にプロセス管理，データベース，チーム制を導入することで，組織全体の営業活動の進め方を大きく変革することである。

この営業プロセス革新の基本は，営業活動や顧客の状況に関する情報の透明性を高めて，それらの情報の共有可能性や分析能力を引き上げようとすることである。言い換えれば，営業活動や顧客状況の情報を適切に管理することで，業務の改善や他者との連携を実現することを目標とする。

ただし，現実の営業活動というのは，あまりにも多様で曖昧なものであるために，その情報の共有や分析は容易なことではない。営業活動が多様であるというのは，顧客や販売状況がきわめて多様で，しかも人間関係や対話によるものであるために，営業活動の内容が個々の状況によって異質なものとなることを意味している。しかも，営業活動の状況が曖昧であることから，営業活動の内容を記録して，情報の共有や分析をすることが困難であることが予想される。

こうしたことから，たとえばデータベースを導入しても，うまく機能しないという事態が発生するのである。すなわち，ある顧客に対してどのような営業活動を行ったのか，何をどのように提案し，どのような反応であったのかは，正確に記述できるものではなく，また営業活動のスキルやノウハウなどの知識も，表記できない暗黙知的なものが多く含まれている。

そのために，それらの知識をデータベースの形で蓄積するのは難しく，たとえデータベースがあっても利用しにくいということが起こるのである。

さらに，もっと重要な障害として，営業活動というのは多様で曖昧なものであるという意識から，営業活動や顧客状況についての知識は共通化や表記ができないものであり，それらを無理に共通化してデータベースとして蓄積しても効果が期待できないという考え方が生じることがある。そうなれば営業担当者は，データベースに利用価値を見出せず，必要な知識は営業担当者個人の経験を通じて独自に蓄積すべきものと考えられるだろう。

しかも，営業活動が多様で曖昧なものであることから，データベースの冗長性も問題になる。営業活動において何が必要な情報かは，事前にわからないことが多いため，多くの可能性を予測して，多様で曖昧な状況や行動についてできるだけ網羅的に，しかも詳細に書くことになるが，それがデータベースの冗長性をもたらすことになる。

データベースを利用する側にとっては，データベースを利用する手間や時間から，必要最小限の情報が簡潔に盛り込まれていることが望ましい。そのためにデータベースの冗長性はデータベースの利用価値を引き下げることになる。しかしデータ内容を簡潔にすれば，今度は，営業活動の多様性や曖昧さを反映しなくなり，これも価値のないデータベースになってしまうのである。

具体的な状況として言えば，既存顧客のデータベースの場合では，顧客との取引活動に関わるデータを蓄積しようとしても，顧客との取引活動のうちでデータとして文書化されるのは，そのごく一部であり，顧客との信頼関係や人間関係に関わることを読みとることができないことになる。また，そのようなデータベースの助けを借りなくても，実際に顧客に接する担当者が知識として蓄え，他の担当者との相互コミュニケーションで密度の濃い情報を交換するほうが，より深い理解が得られるということになる。その場合には自分にとって利用価値の低いデータを他人のために残すという煩わしい作業になる。さらに，営業活動の内容が顧客ごとに違うことが

強調されて，ある顧客との取引における経験を他の顧客との取引に生かせないということにもなる。

　また，営業活動のスキル・ノウハウについても，顧客や営業担当者によって多様であるという意識のために，他の営業担当者の成功事例は，その顧客関係などの固有の状況においてのみ有効であり，しかもその成功にとって重要なことは文書化できないという意識からも逃れられない。

　このように営業活動や顧客状況の情報が個々のケースで多様であり，曖昧で暗黙知的なものとなるとき，営業担当者同士や他部門との間でそれらの情報を伝達するためには，緊密な人間関係をベースとして，経験の共有を介在させながら行わなければならないという考え方が支配的になるのである。

　したがって，従来の営業体制では，個々の営業担当者が営業活動を通じて獲得した暗黙知をインフォーマルなコミュニケーションや経験の共有を通して，他の営業担当者や他の職能担当者に伝達してきたと考えることができる。またその過程で，他の営業担当者は営業活動のスキル・ノウハウを自らも実践して習得し，開発部門などの他部門の職能担当者は社内の人間関係をベースに顧客の需要情報を得ることができたのである。

　このように営業活動で獲得した知識を暗黙知のままインフォーマルな関係や経験の共有を通じて伝える場合，その知識はやはり曖昧で漠然としたものになるために，それを分析したり，他者や過去との比較をしたりすることは難しくなるうえに，伝達できる相手も限られた人になりやすい。

　そこで，営業プロセスを改革して，営業活動で得られる暗黙知の一部をいったん形式知に変換することが考えられるのである。つまり営業活動や顧客の状況についての知識をできる限り数値や文字のデータに置き換える努力を払うことであるが，この形式知化には次の2つの効果を期待できる。

　1つは，形式知に変換することで，仮説検証型の改善プロセスが容易になるという効果である。これを営業プロセス革新の改善効果と呼ぶことにする。そしてもう1つは，形式知に変換することで，より多くの他の営業

担当者や他部門担当者との情報共有を効率的に行えるという効果である。これは営業プロセス革新の連携効果と呼ぶことにしよう。

このように営業プロセス革新では営業活動や顧客状況に関する暗黙知の一部をできる限り形式知に変換することで，改善効果と連携効果の2つを導き出すものと理解される。

◆改善効果への期待

営業活動や顧客状況に関する知識を数値や文字で表される形式知のデータに変換することは，一般に営業活動や顧客の状況についてのプロセス指標を設定し，それを用いて，営業活動や顧客状況を可視化することとして理解されている。そして，このようなプロセス指標を積極的に用いることは，プロセス管理の選択・導入として考えることができる。

それに対し，従来のインフォーマルなコミュニケーションをもとに経験を共有しながら暗黙知を伝えるスタイルは，プロセス指標にほとんど依拠せず，売上などのアウトプット指標が重視されるため，アウトプット管理が選択されていたと理解されるのである。

このプロセス管理については，これまでの企業における利用のされ方から，とくに管理される担当者側から悪い印象をもたれることが多かったと言えるだろう。それは管理者が毎日の訪問件数や顧客への電話件数などについて細かく目標を設定し，各営業担当者にそれらの達成を義務づけ，営業活動の詳細について監視とコントロールを実施し，各営業担当者の創意工夫や自発的な改善努力さえも制限してしまう管理を連想させるからである。

しかし，改善志向のプロセス管理は，そのような伝統的なプロセス管理とは異なるものである。いずれのプロセス管理においても，プロセス指標を設定し，その達成を測定することについては共通しているが，プロセス指標を使う目的が根本的に異なる。すなわち，伝統的なプロセス管理では，プロセス指標の達成を管理することに主眼が置かれるのに対し，改善志向

のプロセス管理では，プロセス指標を通じて営業活動の異状を発見し改善することが重視されるのである。

　わかりやすく言えば，あるプロセス指標の目標値が未達成とすると，伝統的なプロセス管理では，その目標を達成するように，営業担当者はさらに努力し，管理者はその達成を担当者に要求することになる。それに対し改善志向のプロセス管理では，プロセス指標の目標値が未達成のとき，その目標達成をめざす行動ではなく，目標未達成の原因を分析する行動が求められる。

　この違いの意味は大きく，伝統的なプロセス管理では，プロセス指標は管理や評価のために利用されるので，営業担当者の行動も，そのプロセス指標によって表される短期的な目標達成をめざすようになる。したがって与えられた目標を達成すれば，それ以上の行動を期待できないために，営業活動の創造性や革新性に対してネガティブな影響をもたらすと考えられてきた。それに対し，改善志向のプロセス管理におけるプロセス指標は，問題発見のために利用され，問題が発見されると，すぐにその問題の源流をとらえ，根本的な解決をはかるものであるために，営業活動の改善に向けた創造的・革新的な取組みを生み出すものである。

　また，この改善志向のプロセス管理を前述のアンダーソン＝オリバー（1987）の枠組みに即して言うと，当該企業が想定するよりも，営業プロセス知識をより多く保有できることを意味している。すなわち，営業プロセス革新を導入していない企業では，営業活動の多様性や曖昧さから営業プロセス知識が管理者にほとんど蓄積されないために，アウトプット管理を選択するのに対し，プロセス革新を通じて営業活動や顧客状況をできる限り可視化しようと努める企業は，営業プロセス知識の量が豊富になるために，プロセス管理が可能になっているのである。つまり，営業管理様式は，アンダーソン＝オリバー（1987）の想定するように営業活動の環境条件のみで決まるものではなく，企業の営業改革の取組みによっても影響を受けると考えられるのである。

第8章　営業体制をつくる

◆連携効果への期待

　営業プロセス革新に期待される2つめの効果は，営業部門内や営業部門と他部門との間において担当者間の連携がとりやすくなるという効果である。

　営業部門内においては，ある営業担当者から別の営業担当者へ営業活動の成功事例の情報やスキル・ノウハウについての知識を伝えることで，営業部門全体の能力を引き上げることが期待される。また，他部門との間では，営業担当者がとらえた顧客の需要情報を開発部門に伝えたり，営業活動の状況を生産部門や顧客サービス部門に伝えたりして，迅速で効率的な顧客対応をすることが可能になる。

　しかし，従来の営業体制では，営業担当者が他の営業担当者や他の部門担当者との間で円滑な連携を行うのは，以下の点で難しかったと言える。

　まず，営業部門内においては，それぞれの営業担当者が他の営業担当者と相互に情報を交換せず，それぞれが情報を専有してしまう傾向があった。その理由としては，営業活動が多様で曖昧であるために，スキル・ノウハウなどの知識が他の営業担当者にとってあまり有効でないと考えてしまうことがある。つまり，営業活動や顧客状況が多様で複雑であることを強調すればするほど，スキル・ノウハウは個々の状況において特殊なものであり，しかもその状況でしか適用できないものになってしまうのである。また顧客との人間関係が重視される営業活動においては，そのような人間関係に関わる知識は暗黙知になりやすく，それを人に伝えることは難しいことになる。

　他方で，営業部門と他部門との間でも，営業活動や顧客の状況の多様性や曖昧さが，営業部門から他部門への情報共有を妨げることになる。それに加えて，営業部門と他の部門との顧客志向についての温度差が部門間コンフリクトを発生させて，情報共有をいっそう難しくしていることも考えられる。

　しかし，これらのように営業担当者のもつ情報が他の営業担当者や他部

門担当者と共有できない状況では,営業活動における担当者間や部門間の連携をとりにくくなる。それは成長する企業において営業拠点や営業担当者を拡充する場合や営業能力を早期に育成する場合,あるいは顧客との関係を深めるためにさまざまな職能部門が協力しなければならない状況でとくに問題になりやすい。

そこで,営業プロセス革新を通じて,営業活動や顧客の状況についての情報の透明性や移転可能性を高め,情報を共有する仕組みを導入することが考えられるのである。その最も典型的な仕組みとなるのがデータベースである。

データベースは,人間の情報処理能力を補完するためのものであるが,とくに,他人に問い合わせたり連絡したりする作業を助けることで,営業部門内や他の部門との間のコミュニケーションを円滑にして,相互の連携を引き出すことが重要な機能となる。

たとえば,営業活動の成功事例などをデータベースに収めて,その情報を他の営業担当者が検索し利用できるようにすれば,優れた担当者のスキル・ノウハウを営業部門内に普及させることができる。それによって営業活動の新たな試みについて共同で学習することになり,担当者の能力を引き上げるだけでなく,営業活動の改善も進むことが期待される。

また,既存顧客データベースを用いて顧客との関係を管理することができれば,営業担当者が営業活動や顧客の状況に関する情報をデータベースに入力し,その情報を他の部門担当者が利用することで,開発部門では顧客の需要に適応した製品開発を行うことができ,生産部門や物流部門,顧客サービス部門では,事前の準備や計画を洗練化させて,効率的に業務を行ったり,顧客の注文に迅速に対応したりすることができるようになる。さらに,商品データベースによって技術的情報や生産や在庫の状況が共有できるようにすれば,その情報に基づいて営業担当者が顧客に的確な問題解決の提案をすることが可能になるだろう。

ところが,営業活動や顧客の状況が多様かつ曖昧であることを理由に,

個々の営業担当者がデータベースへの適切な入力やデータの利用を行わないならば、こうした営業部門内や他部門との間での連携ができなくなる。また、従来からの営業方法への固執から、営業担当者が他の営業活動の事例を参考としなかったり、商品データベースに基づく問題解決の提案ができなかったり、あるいは部門間コンフリクトから顧客や営業担当者の必要とする情報が何かについて他部門に伝わらないことも予想される。

しかし、ここで留意すべきことは、営業担当者間で営業方法についての情報を交換する場合や部門間で営業活動や顧客の状況などの情報を交換する場合に、それが価値ある知識になるほど、漠然としていて明文化しにくくなるということである。データベースに載せる情報は、定型化・単純化された情報にしなければならないが、それではデータベースには「生きた情報」がなく、コミュニケーションや情報共有にあまり貢献しないという問題が生じてしまうのである。

それに対しては、2つの考え方が有効とされている。1つは、前述のプロセス管理の導入を基礎としてデータベースの構築を行うということである。プロセス管理では、仮説検証による改善を行うため営業活動や顧客の状況についてプロセス指標を用いた可視化を追求することになるが、そのような情報はデータベースによる担当者間の連携をより容易にするのである。すなわち、営業部門内や他の部門との間でのコミュニケーションにおいてプロセス指標が頻繁に用いられることで、営業活動や顧客の状況についての多様性や曖昧さが抑制されるのである。

たとえば、営業活動の事例データベースについては、どのような状況においてどのような活動が展開され、それがどのような成果をもたらしたかが、プロセス指標を用いて明確になるために、その方法をどのような状況において適用可能か、またそれによって期待される成果はどうかといったことが仮説として導かれ、それを実行して検証しながら、さらに活動内容を洗練化できるのである。

またデータベースを用いた部門間のコミュニケーションにおいても、営

業活動や顧客状況について，営業担当者の曖昧な表現ではなくプロセス指標を用いた情報とすることで，他の部門担当者にとっても理解しやすい情報となる。さらに，営業活動や顧客状況においてどのような成果が期待されるかをプロセス指標で具体的に示すことで，営業担当者が行うべき問題解決の提案内容について他の部門が協力しやすく，また営業担当者もそのサポートを受け入れやすくなることが予想される。

　そしてもう1つの考え方は，データベースを一種のシグナル情報として用いて，定型的な情報を頻繁に交換する一方で，そこで何かの変化や問題が発生すれば，直ちにフェイス・トゥ・フェイスのコミュニケーションが起動するという仕組みをつくることである。

　このときデータベースに載る情報は，詳細で深い記述である必要はなく，むしろ要所を網羅的にとらえる情報で，しかも高頻度で提供され，機会を逃さないことが必要となる。またそうでなければ，データを入力するコストが大きくなり，さらに漏れがあるデータのために利用価値が高くならないであろう。

　そして，このデータベースの情報を関係する担当者が頻繁に見ていて，変化や問題が発生すれば，データベースでは表記されない漠然とした状況などを伝えるためのフェイス・トゥ・フェイスのコミュニケーションを通じて伝え合うという手続きや仕組みをつくることで，データベース情報の不完全さを補うとともに，データベースに過度に依存して担当者間のコミュニケーションが少なくなるという弊害を防ぐのである。他方で，インフォーマルでフェイス・トゥ・フェイスのコミュニケーションが，問題の軽重にかかわらず頻繁に交わされるようになると，重要な問題が埋もれたり，効率的な業務の遂行に支障がでたりするために，そうならないようにフェイス・トゥ・フェイスのコミュニケーションを重要な問題において有効に使うことができるのである。

　つまり，ここではデータベースがフェイス・トゥ・フェイスのコミュニケーションを代替して減らすのではなく，データベースを利用することで，

第 8 章　営業体制をつくる

> **Column ⑤**　　日本ベーリンガーインゲルハイムの営業改革

　製薬企業ベーリンガーインゲルハイムの日本法人である日本ベーリンガーインゲルハイム（NBI）は，日本市場において 12 の支店，94 の営業所を持ち，約 1000 名の MR（医薬品情報担当者）が医療機関向けの営業活動や情報提供活動を展開している。

　この企業では，2004 年から重要プロセス指標（KPI：Key Performance Indicator）を使って MR の人材育成を行うための営業改革が実施され，まず 3 カ月間のパイロット・スタディが行われた後，2005 年には，その改革が全国に展開された。そして，この全国展開では，管理者や MR に「何のために改革するのか」という改革の目的を明確に伝えることが重視されていた。

　また，主要な KPI として，「各 MR の 1 日あたりの訪問数」と「平均クリア進捗率（ターゲット顧客への訪問目標をクリアした割合）」の 2 つが選択され，そのなかでも，とくに前者の 1 日あたりの訪問数を優先させるというルールを定めた。管理者の中には，クリア進捗率や商談の成果を重視したいという希望を持つ者も多かったが，本社としては，まず日々の訪問数の目標達成を各 MR や管理者に求めたのである。

　改善志向のプロセス管理では，プロセス指標の多寡がしばしば重要な課題となる。たとえば，プロセス指標が多いほど，営業活動や顧客における問題をさまざまな角度から捉えやすく，改善の成果も多面的に測定できるという理由から，多くのプロセス指標を設定する場合もある。

　しかし，プロセス指標が多くなれば，営業担当者は多くの指標すべてを注意深く監視することが難しくなるため，むしろ，常時測定する指標を少数にして，営業担当者の関心をその少数の指標に集中させることで，異常や変化を発見しやすくすることが大事な場合もある。また，管理者と営業担当者とが共同でプロセス指標を分析することを考えると，指標数を絞り込んで，特定の指標に関する分析スキルを蓄積し，共有して，その指標についての情報処理能力を組織的に高めるという効果も期待できる。NBI が KPI を訪問数に絞り込んだのも，訪問数にもとづく問題の可視化や改善についての知識を蓄積することが期待されたためと考えることができる。

　（参考）松尾・早川・髙嶋（2011）

漠然とした情報を伝えるフェイス・トゥ・フェイスのコミュニケーションをむしろ活性化させ，その両方による担当者間や部門間の情報共有を実現しているのである。

演習問題

1. 生産財企業を1つ取り上げ，どのような営業プロセスと営業組織を採用しているかを分析しなさい。またその背景にはどのような環境や戦略があるのかを考えなさい。
2. アウトプット管理様式が選択されている事業を1つ取り上げ，なぜその管理様式が選択されているのかを説明しなさい。
3. 営業組織の水平的な拡張を確保するための方策として，どのようなものがあるかを具体的に説明しなさい。
4. 営業活動における部門間連携が難しい理由を挙げて，その解決策を考えなさい。
5. 営業プロセスの革新を進めるのに潜在的に障害となりうる問題を取り上げ，その克服方法について考えなさい。

第9章

潜在顧客を開拓する

1 生産財の潜在顧客をどうとらえるか

　新規の顧客を開拓する場合には，顧客がまだ問題そのものを認識していなかったり，具体的な製品の選好をもたなかったりするため，潜在的な需要者に製品に関する情報をもたらし，購買を動機づける必要がある。
　消費財の場合にその役割を担うのは，おもに広告とチャネルである。消費者の日常の製品購買では，製品選択を失敗するリスクがあまり大きく知覚されないため，消費者は自分の経験や広告などのごく限られた範囲で情報を集めるだけである。このような低い関与状況では，広告が購買の意思決定に影響しやすく，消費者も広告による情報について情緒的な反応をすることが多い。また，消費者の製品選択についての知覚リスクが大きい高関与の製品であれば，消費者は小売店舗において店頭の商品を比較したり販売員に相談したりして情報を得ることが多くなるため，チャネルを管理することで消費者の購買に影響を与えることができる。それゆえ，消費財マーケティングでは広告やチャネルが，潜在的な需要者をとらえる最も重要な手段となっているのである。

第9章 潜在顧客を開拓する

　それに対して，生産財の場合には，潜在的な需要者をとらえることは容易ではない。まず，広告に対する潜在的な需要者の情緒的な反応は期待しにくい。生産財は最終製品の品質やコストに影響するため，需要者の購買決定はどうしても慎重にならざるをえない。しかも，そのような企業の成果に影響するような購買決定の失敗は，購買担当者の企業内における地位や個人の業績評価に影響することが懸念されるために，購買担当者は意思決定の失敗を避けるように慎重な選択を行う。そのため，生産財の購買のときには情報収集を先行的に必要とすることになる。そこで需要者は広告の情報よりも営業担当者からもたらされる情報を重視することになる。ただし営業担当者が多くの潜在的な需要者と想定される企業を逐一訪問して情報をもたらすのは効率的とは言えない。

　また，生産財の場合は，消費財のように小売店舗に需要者を集めることができないために，需要者がどこに存在するのか把握しづらい。しかも，生産財の取引においては，すでに取引している企業は顧客のニーズを把握できるが，取引の外にいる売り手企業が，潜在的な需要者の情報を収集するのは難しいと言える。つまり，需要者についての情報収集力に関しては，既存の取引業者がつねに優位な立場にある。それゆえに潜在的な需要者をどうとらえるかが重要なマーケティングの課題となるのである。

　したがって，生産財では営業活動による潜在的な需要者への直接的な働きかけが基本になるとしても，営業活動だけではごく限られた顧客しか開拓できないために，別のコミュニケーション手段を補完的に用いて，効果的，効率的に潜在顧客をとらえることが重要になる。

　ここでは，そのような補完的な手段として，広告やダイレクトメール，展示会，インターネットなどを考えることにする。

2 営業活動を補完するコミュニケーション手段

　生産財において，潜在顧客をとらえて製品販売に結びつけるうえで最も有効な手段であるはずの営業活動には，以下に述べるような3つの限界がある。これらの限界を克服するために，広告などの別のコミュニケーション手段が補完的に利用されると考えることができる。

◆顧客側の選択的な対応行動
　企業の営業担当者が潜在顧客の担当者に接触しようとしても，相手が忙しくて会ってくれないケースがよくある。直接会って情報を提供することは，詳細な情報の交換が可能になるという利点がある半面，顧客側にも応対の時間や労力を支出させることになるため，この負担を顧客側の購買担当者が嫌うのである。

　ただし，生産財の購買においては慎重な選択が要求されるために，購買担当者が候補の製品についての情報収集に時間や労力を費やさなければならない。だからこそ情報収集において営業担当者との接触が重要になるが，売り手側の求めに応じてすべての営業担当者と接触するわけではない。それは購買担当者には時間的・労力的な制約があるためであり，彼らは最終的に選ばれそうもない企業の営業担当者と接触する無駄を省き，選択される可能性の高い業者と接触して，効率的に情報収集をしようとするだろう。

　このとき購買担当者が判断基準とするのは，業界で評判がよいとか，あるいは，ある程度の予備知識があるといったことであり，名前をまったく聞いたことがない企業の営業担当者に応対するとすれば，それは他の選択がない場合に限られるはずである。したがって潜在的な需要者に知られていないような企業は，営業活動だけに頼って市場を開拓しようとしても，購買担当者に会うこともできないことになるのである。

第9章　潜在顧客を開拓する

◆需要者リストの不完全性

　企業が営業活動を通じて情報を伝えるためには，その対象たる潜在需要者のリストが必要である。しかし営業担当者は顧客からの反応を接触後にしか知ることができない。つまり営業活動で相手からの需要情報を収集できるといっても，接触する以前に製品に対する関心の高さを知ることはできない。

　そのことは想定される潜在需要者が限られている場合は問題にならないが，その範囲が広い場合や需要者の所在が不確かな場合には，需要者になかなか遭遇できず，販売の見込みがない企業に対する営業活動に多くの時間を割くことになり，営業活動が非効率となるという問題が発生する。したがって，営業活動を効率的に行うためには，それ以前に潜在需要者を識別することが条件となるのである。

　とくに取引関係が継続的になる場合には，企業がどのような製品に関心をもっているかという潜在的な需要についての情報は，継続的な取引関係の外部にいる売り手企業には伝わりにくい。つまり，製品についての情報を営業担当者が広く伝えようとすれば，潜在的な需要の情報が少ないために，どうしても営業効率が悪くなるという問題を抱えることになる。

◆接触困難な部門・階層の存在

　生産財の購買意思決定は組織的になされ，購買部門だけでなく，生産・開発などの他の部門の意見が反映され，また各部門の管理者や経営者が購買決定に影響力を及ぼすことも多い。とくに購買する製品が重要であるほど，企業では諸部門・諸階層の多くのメンバーが意思決定に関与することになる。

　これらの購買意思決定に関与するメンバーのうち，売り手企業の営業担当者が接触できるのは，購買部門の担当者などの限られた範囲である。たとえば，製品購買に経営者の発言力が大きい場合でも，売り手企業の営業担当者が経営者にいきなり接近するのは容易ではない。

ところが，購買意思決定に関与する者全員に製品の情報を行き渡らせておかないと，製品購買の意思決定においてコンセンサスがうまく形成されない危険性が高くなる。したがって，営業活動を通じての情報提供が困難な部門や階層に対して，いかにしてコミュニケーションをとるかが，市場開拓の重要な課題となるのである。

3 生産財の広告戦略

◆広告の3つの効果

生産財の広告は，企業向けの広告であり，産業広告やBtoB広告と呼ばれる。この生産財の広告は，消費財の広告と比較すれば，マーケティング戦略においてあまり重視されないのが普通である。なぜなら部品，原材料，機械・設備などの生産財を購入する場合では，買い手が情報を集めて慎重な意思決定をすることが多く，広告よりも詳細な情報を営業担当者などから得る傾向があると考えられるからである。すなわち，生産財マーケティングでは，広告よりも営業活動のほうが効果的という考え方が支配的である。

しかし，このことによって生産財の広告がマーケティング手段として有用ではないと言うことはできない。生産財の広告戦略を考える場合に重要なことは，販売促進において広告と営業活動を代替的な活動としてとらえるのではなく，広告と営業活動を補完的な活動としてとらえることにあるからである。すなわちマーケティング活動において広告か営業活動かの選択ではなく，広告と営業活動との相乗効果をどのように引き出すのかが，生産財の広告における課題となるのである。

すでに述べたように，生産財マーケティングにおける営業活動では，①顧客側の選択的な対応行動，②需要者リストの不完全性，③接触困難な部門・階層の存在という3種類の限界が発生すると予想されるが，この3種

第9章　潜在顧客を開拓する

類の限界は，広告を営業活動の補完として用いることで軽減させることができる。すなわち，生産財における広告は，営業活動による情報提供をサポートするという消費者向けの広告にはない独自の役割をもつことになる。

そして，この営業活動をサポートする効果については，前述の3種類の営業活動の限界に対応して，以下のように3つのタイプの広告効果として考えることができる。

① 事前効果

潜在顧客の選択的な対応行動に基づく営業活動への抵抗を広告によって和らげる効果である。すなわち，広告を通じて潜在顧客が製品や企業について，ある程度の知識をもっている場合は，相対的に製品や企業に対する信頼性が高くなる傾向があり，売り手企業の営業担当者が潜在顧客に接近しやすくなるという効果が期待される。

② 問い合わせ効果

広告を通じて広く潜在需要者に問題解決策を認知させ，彼らからの資料請求などの問い合わせを発生させることで，有望な顧客を発見して，需要者リストの不完全性を補う効果である。そしてこの効果に基づいて，問い合わせてきた有望な顧客に対して営業担当者による情報提供をすることで，効率的な営業活動が可能になるのである。

③ コンセンサス効果

営業担当者が接触しにくい部門や上層部に広告を通じて情報提供することによって，購買決定のコンセンサス形成のための組織的な環境をつくる効果である。営業担当者がなかなか接触できない生産部門や開発部門，あるいは企業の上層部に対して，広告を通じて製品や企業の認知度を高め，購買計画に対する抵抗感を小さくして，購買のコンセンサスを形成しやすくするものである。

◆広告計画を立てる

生産財の広告計画を立てる場合に最も重要なことは，事前効果，問い合

わせ効果，コンセンサス効果という3つの広告効果のうちで，どの効果に比重を置いた広告をつくるのか，またそのためにどのような内容の広告が適しているかを考えることである。すなわち，3種類の広告効果のうちで何を期待するのかによって，広告の内容も異なると予想されるのである。

① 事前効果をねらう場合

企業やブランドの知名度を上げることによって営業活動への顧客の抵抗を少なくすることが目的であるために，製品の技術的特徴を詳細に紹介したり，多様な製品ラインを示したりすることはあまり意味がない。つまり製品の基本的特徴の紹介は最小限にして，企業名やブランド名を印象づけるような内容が望ましいのである。その意味で技術的な情報を含まないイメージ広告でも，事前効果においては有効となる。

② 問い合わせ効果をねらう場合

広告を通じて広範囲の潜在的な需要者に問題解決の方法を知らしめ，自社の製品がその問題を解決することを伝えなければならない。そこで問題解決を知ってもらうために，製品の基本的特徴を明確に表現したり，多様な製品ラインを紹介して，問題解決の提案のバリエーションを知らせたりすることが有効になる。

また，問い合わせは問題解決に関心をもつ企業から発生するために，専門的な情報に対する心理的な抵抗感を心配する必要はなく，むしろ製品の技術的特徴が簡潔にわかるような広告が望ましいと考えられる。しかも，そのような技術的な関心をもつ潜在需要者をターゲットとするために，広告の注目度を上げるような諸方策については，あまり効果が期待できないという調査結果もある。

③ コンセンサス効果をねらう場合

購買決定における諸部門や上層部のコンセンサスを得やすい環境を形成するために，企業やブランドの知名度を上げることが重要となる。それゆえ事前効果の場合と同様に，製品の品質・仕様などの紹介は最小限にして，企業名やブランド名を印象づけるような広告が有効になる。そのために問

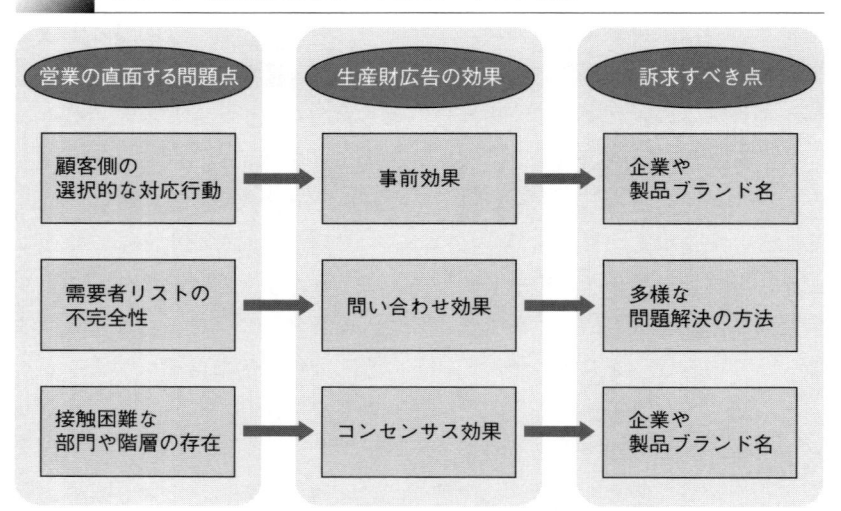

図9-1 生産財におけるコミュニケーション戦略

営業の直面する問題点	生産財広告の効果	訴求すべき点
顧客側の選択的な対応行動	事前効果	企業や製品ブランド名
需要者リストの不完全性	問い合わせ効果	多様な問題解決の方法
接触困難な部門や階層の存在	コンセンサス効果	企業や製品ブランド名

い合わせ効果とは異なり，広告の注目度を上げる諸方策が有効になる。しかも，購買決定への影響力をもつ人は業界紙やビジネス雑誌の熱心な読者であると言われているため，そのような媒体選択も重要になる。

4 セールス・プロモーション活動

　セールス・プロモーションとは販売促進のことであるが，一般的には，広告や営業活動以外の販売促進活動や販売促進のために使われるものとしてのダイレクトメール（DM），カタログやパンフレット，リベート，クーポンなどの多様なものを含んでいる。このうち生産財マーケティングにおいて潜在顧客をとらえるうえで重要となるカタログやパンフレットなどの販促物，ダイレクトメール，そして展示会について説明することにしよう。

4 セールス・プロモーション活動

◆**ダイレクトメール,カタログ,パンフレット**

　生産財の需要者は,ある合理的な目的で部品,原材料や機械・設備などを需要し,製品選択における失敗のリスクを知覚するために,その問題解決のための情報収集を行う傾向が強い。それゆえに広告の問い合わせ効果が期待されるのであるが,この問い合わせの発生は,広告以外のマーケティング手段においても期待される。

　その1つが,製品のカタログやパンフレットなどを潜在的な需要者に広く配布することである。まず,需要者やその産業がある程度特定される場合には,広告を通じて情報をもたらすことは費用がかかる割に効果が少ないことになる。しかし,営業担当者が潜在的な需要者に直接会って説明するには,その対象者が多く,非効率である場合や,製品についての需要が明確に意識されていないなどの理由で営業担当者が接近できない場合が考えられる。

　そのような場合には,産業別の企業リストなどを利用して,カタログやパンフレットなどをダイレクトメールで送ることが選択される。これはある程度絞り込まれた潜在顧客に対して製品の情報を伝え,彼らからの反応に基づいて営業活動を展開すべき有望な顧客を発見するための方法である。つまり,潜在顧客がある程度特定できる状況において,広告の場合と同様の問い合わせ効果をダイレクトメールにおいて期待するのである。

　ただし,広告の場合は,幅広く情報を行き渡らせることができるために,事前効果やコンセンサス効果を期待できたが,ダイレクトメールやカタログ・パンフレットの情報は,そのユーザー部門に特定して配布され,情報が広がらないため,事前効果やコンセンサス効果については限定的な効果しかもちえないと予想される。

　また,その需要者の産業において業界誌のような狭い範囲での媒体がある場合には,広告が,こうしたダイレクトメールと併用されることも多い。この広告は,カタログやパンフレット,あるいは営業担当者による説明などの請求を引き起こす問い合わせ効果をもたらすだけでなく,ダイレクト

第9章 潜在顧客を開拓する

メールやカタログ・パンフレットが読まれる可能性を高める一種の事前効果があると言えるだろう。

そして，カタログやパンフレットの利用についてのもう1つのアプローチは，逆に，潜在需要者があまりにも広範に数多く存在する状況で選択される。広告を見た需要者からの問い合わせが数多く発生することが予想され，それが購買に結びつく可能性も低い状況では，それらの問い合わせに対して営業担当者が個別に対応するのは，効率が悪いと予想される。そこで問い合わせに対して，カタログやパンフレットによる詳細な情報を提供し，需要者の製品選択をしやすくするのである。そして，さらに情報の要求がある場合において営業活動を展開することになる。

つまり，この一連のコミュニケーションにおいては，カタログやパンフレットなどの資料請求と営業担当者による説明の請求という2段階の問い合わせ効果が想定されているのである。こうすることで，潜在的な需要者の情報収集も効率的に行われることになり，営業担当者と接触することの心理的な抵抗感の問題を克服することが期待されるのである。また，販売側にとっても，購買の見込みが薄い企業にまで高コストの営業活動を展開することを避けて，営業効率をいっそう高めることが期待されるのである。

◆展　示　会

生産財に特徴的な潜在顧客の開拓方法として展示会がある。これは，あるテーマに関するさまざまな企業が参加する展示会と企業が単独で行う展示会の2つのタイプに分かれる。

このうちさまざまな企業が参加する展示会では，この展示会が消費財の小売店舗における顧客吸引の役割を果たすことが期待される。

まず，消費財においては，消費者が小売店舗に行けば店頭に陳列された多様な商品のなかに自分の需要に対応する商品を見つけられると期待している。そのため，小売店舗における品揃えが，商品を需要する消費者を吸引する要素として考えることができる。しかし，生産財の場合には，恒常

4 セールス・プロモーション活動

的に多様な商品を陳列するような店舗が一般的に存在しないため，需要者に来てもらうことはできない。それは第1に，需要者が地理的に広く点在する状況では，需要者にとっての移動の負担や多くの販売拠点を設立するコストが大きくなるからである。第2に，新規に商品の調達先を探索する場合でも，商品現物から得られる情報で判断するわけではなく，営業担当者から情報を収集しようとするために，店舗の品揃えは需要者を引きつける要因にならないと考えられる。したがって，通常の生産財では店舗の品揃えによって需要者を吸引できず，営業活動やダイレクトメールなどで直接的に働きかけをするほうが，効率的に潜在顧客を開拓できることになるのである。

ただし，常設的な店舗という形ではなく，一時的な展示会という形で，しかも，この展示会で扱うテーマについての新たな情報を提供する場合には，多様な企業の商品による需要者の吸引力が形成されることになる。つまり，問題解決を望んでいる需要者は，展示会において多様な商品を一度に見て検討し，関連する情報をそこで収集することを期待して展示会を訪れるのである。また展示会において，当初に想定した問題解決や商品とは異なるものを需要者が発見することもあり，より適した問題解決を探索する機会にもなっているのである。

このときに展示会はある問題解決を望む需要者を吸引する効果をもち，その吸引された需要者が立ち寄り，説明を求めることで，展示会に出展する企業は，潜在顧客を効率よく発見することができる。つまり，このような展示会とは，多様な企業の参加や魅力ある情報の提供を通じて需要者を吸引することによって，広告の問い合わせ効果と同じように潜在顧客を発見する効果を有しているのである。

他方で，企業が単独で展示会を行う場合には，その展示会の集客力を高める努力がまず必要になる。多様な企業の参加による「品揃え」を提供できない点で，需要者の吸引では不利になるからである。そのため一般的には，展示会において最新の技術情報を提供したり，広告等で展示会の集客

第9章　潜在顧客を開拓する

に努めたりすることが必要になる。また，展示会のスケジュールに合わせて新技術や新製品を発表することも，展示会の集客力を高めるために行われる。

そして，いずれの展示会においても，来訪者に関心をもってもらい，より詳しい情報をその場やその後の営業活動によってもたらすことが顧客開拓のために重要となる。展示会は，そのような詳細な情報をもたらす価値のある潜在顧客を発見する場として使われるのである。

5　インターネットを用いた潜在顧客の開拓

近年，インターネットを利用した潜在顧客の開拓が一般的に行われるようになってきた。これは，インターネット上の企業のサイトや電子商取引サイトで，商品の情報を提示し，その商品に関心をもった需要者からの電子メールや電話等によるコンタクトを待つというものである。サイトでの企業や製品の情報提供は，顧客にとって問い合わせを行う負担や抵抗を軽減できるというメリットがある。また，属性・機能に基づいて，製品や技術をサイト内やサイト間で検索しやすいため，情報処理コストが低くなるというメリットも生じる。

このようにサイトを見てコンタクトしようとする人は，問題解決を求めている需要者であり，企業や商品についてのある程度の情報を把握したうえで連絡しているために，当然，有望な顧客になりうる。したがって，インターネットを利用した潜在顧客の開拓は，広告の問い合わせ効果の一種と考えることができる。

そして，インターネットにサイトを開設し維持するコストは通常の広告よりも低く，しかも広告よりも詳細な情報を需要者に伝えることができる。また，インターネットの利用者は広範囲であるために，生産財でよく用いられる業界紙や業界誌での広告よりも広範な対象に訴えることも可能とな

5 インターネットを用いた潜在顧客の開拓

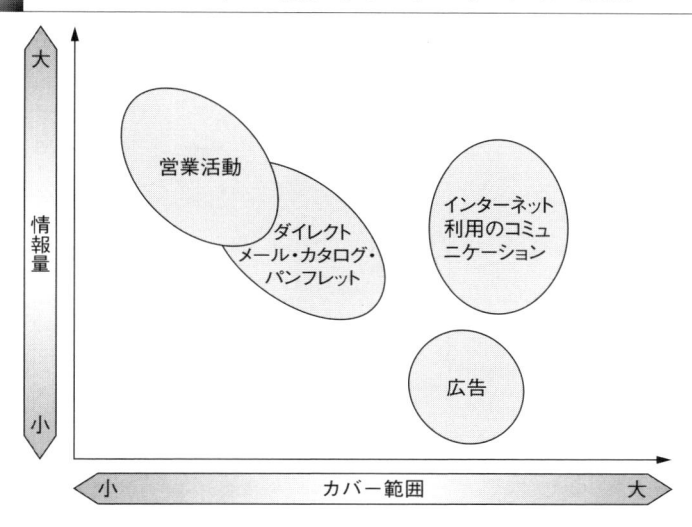

図9-2　インターネット利用によるコミュニケーションの変化

（縦軸：情報量　大／小、横軸：カバー範囲　小／大）
- 営業活動
- ダイレクトメール・カタログ・パンフレット
- インターネット利用のコミュニケーション
- 広告

る。すなわち，営業活動では豊富な情報を提供できるものの訪問先としてカバーできる範囲が限られ，広告やカタログによる情報提供では，広い範囲での情報提供ができても，情報の量・質が犠牲にされるというトレードオフを企業は経験してきたが，サイトによる情報提供を利用することにより，比較的多くの情報量を広い範囲の潜在的顧客に提供できるというメリットを享受することが可能になったのである。

さらに，購買の判断が難しい複雑な商品では，需要者からの問い合わせを受けて，営業担当者などからの詳細な情報の提供が行われ，単純に購買決定ができる商品では，そのまま電子商取引に移行することも可能となる。このとき，需要者の所在の情報や注文情報などを電話でやりとりすることと比較して，インターネットでは，これら一連の情報処理のコストが売り手だけでなく需要者にとっても低いという特徴がある。

他方で，インターネットを利用した潜在顧客の開拓には不利な点もある。それは，インターネットでは，需要者による情報探索が行われない限り，

第9章　潜在顧客を開拓する

情報提供ができないということである。つまり，広告やダイレクトメールのように能動的に潜在的な顧客に働きかけることが難しく，需要者からの探索に受動的に対応することしかできないのである。

　生産財によっては，技術や商品が普及していないために，提供する商品の解決する問題が認識されていない場合があり，そのような状況では，潜在的な需要者と想定する層に問題を認識させ，その解決策を提案することが重要となる。しかし，インターネットだけでは，このような提案の働きかけを行うことができない。

　また，潜在的な需要者に問題や問題解決策が認識されていても，売り手企業が無名であれば，需要者による情報探索においてその企業の情報が収集される可能性は低くなる。やはり，その業界で大きな市場シェアを占めていたり，高い評判を得ているブランドを確立していたりする企業ほど，問題解決を求める需要者によって想起されやすく，優先的に情報が収集されるはずである。

　したがって，潜在顧客の開拓においてインターネットを利用する場合では，先行的に市場での販売実績を上げることが重要となり，実績の少ない後発企業や中小規模の企業になるほど，広告などを使って，先行的に企業や商品・ブランドの知名度を引き上げることが重要となる。すなわち，インターネットの利用自体は，低コストであるがゆえに，中小企業にも利用可能であるが，それによる潜在顧客の開拓効果は限られたものとなるため，実際には，大企業ほど有効な販売促進手段となっているのである。

　また，広告等を通じて知名度を上げることは，インターネットでのサイト閲覧の事前効果やサイトでの問い合わせ効果を高め，さらにそのサイトでの販促的な情報提供が，企業への直接的な問い合わせ効果を高めるという2段階の問い合わせ効果を想定したものになることを意味している。さらに，潜在顧客企業からの最初のコンタクトが行われやすくなった状況を，いかにそれ以上の情報提供やアプローチへと転換していくかの努力や工夫が売り手企業に求められることになる。

演習問題

1. 生産財の広告をできるだけ多く取り上げて,それらの事前効果,問い合わせ効果,コンセンサス効果を分析しなさい。
2. 広告がまだ展開されていない生産財事業を1つ取り上げて,その事業における広告計画を立案しなさい。
3. 広告活動を積極的に行う生産財企業の事例を1つ取り上げて,その企業がどのように広告を利用しているのか分析しなさい。
4. 生産財企業のウェブサイトを1つ取り上げて,そのサイトを潜在顧客の開拓という視点から検討しなさい。
5. 生産財マーケティングにおけるインターネット利用による潜在顧客開拓のメリットと課題について説明しなさい。

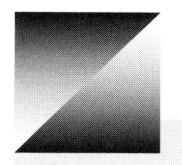

第10章 チャネルを構築する

1 生産財のチャネル問題

　生産財では，メーカーが顧客に直接販売する場合もあれば，販売代理店という流通業者を通じて顧客に販売する場合もあるが，こうした製品の販売ルートのことをチャネル（または流通チャネル，販売チャネル）と呼ぶ。すなわち，チャネルは，製品の販売と購買を通じて，製品の所有権がどのように移転するのか，その移転にどのような業者が関わるのかを表している。

　そして，メーカーが製品のチャネルをどのように設定するか（チャネル構築），間接流通を使う場合にどのように販売代理店の行動を管理するか（チャネル管理）について戦略を立てる必要があり，その戦略をチャネル戦略と呼ぶのである。

　なお，消費財の場合，チャネルを構成する流通業者は卸売業者と小売業者とに分かれるが，生産財の流通では，顧客に販売する流通業者であっても小売業者とは言わずに，製品の取引を行う流通業者はすべて卸売業者という位置づけになる。

また，製品が顧客に販売され利用可能な状態になるためには，製品の所有権が顧客に移るだけでなく，製品の現物が顧客のもとに届けられる必要がある。そのためにはメーカーの工場から顧客の利用する場所まで製品が配送され，その間に，メーカー，販売代理店，物流業者などの倉庫を製品の現物が移転することが多い。そして製品の現物がどのように移転するかを表すときには，物流や物流チャネルという表現を使い，所有権移転を表すチャネルとは区別する。

たとえば，メーカーが顧客に直接販売する場合，所有権の移転という意味ではメーカーから顧客へ直接流通するチャネルとなるが，このときの物流はメーカーの倉庫や外部の物流業者などのいくつもの拠点を経ていることが多い。また，物流業者は製品を仕入れて再販売しているわけではないために，物流業者は，チャネルの構成メンバーと言えないのである。

それとは対照的な状況として，販売代理店を利用して顧客に販売する間接流通のときに，製品の現物はメーカーの工場から顧客のもとに直送され，物流チャネルに販売代理店が含まれない場合もある。

このように定義上はチャネルと物流チャネルとを識別することが重要であるが，このことはチャネル問題において物流のことを度外視して考えることを意味しない。むしろ，チャネル構築やチャネル管理において物流費用や物流管理が問題に深く関わることが多いため，チャネル戦略を考えるときには，所有権移転のチャネル問題だけでなく，物流の問題も視野に入れて考察されることが多い。

ところで，生産財のチャネルは，消費財のチャネルと比較すると，次のような特徴がある。

まず，消費財ではメーカーから消費者への直接販売はあまり多くないが，生産財では顧客への直接販売が決して特殊なものではなく，直接販売か流通業者を利用するかという意思決定が重要なチャネル戦略の課題になる。

また，消費財の場合には，メーカーと流通業者との関係や流通業者間の関係は継続的になるとしても，最終の消費者との取引関係は一時的で単発

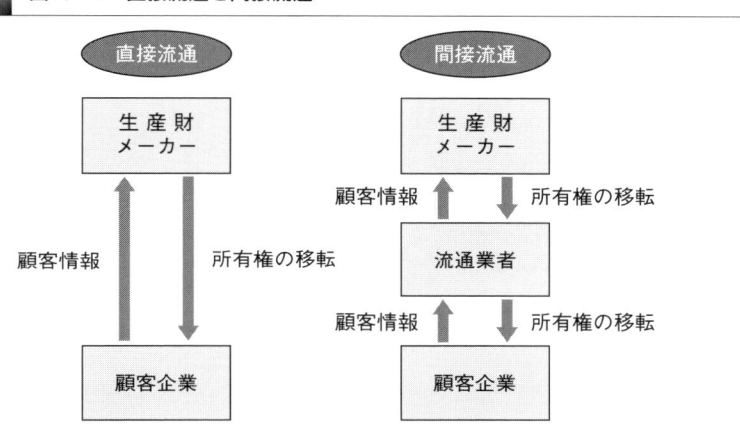

図10-1　直接流通と間接流通

[直接流通: 生産財メーカー ⇅ 顧客企業（顧客情報／所有権の移転）]
[間接流通: 生産財メーカー ⇅ 流通業者 ⇅ 顧客企業（顧客情報／所有権の移転）]

的な取引が多く，たとえ継続的な取引があっても毎回の単発的な取引が繰り返されることにすぎない場合がほとんどである。それに対し，生産財の場合には，流通業者との関係だけでなく，最終顧客との取引も継続的になりやすく，継続的な取引になると，過去の取引の蓄積や将来の取引への期待が交渉や取引の行動に強く影響する。

　さらに，消費財の場合には，消費者が小売業者に多様な種類の商品の取扱いを求めるために，チャネルを通じて，小売段階における品揃えをいかに形成するかが重要な課題となり，その品揃えの形成をめぐって，スーパーマーケットやコンビニエンスストア，専門量販店などの多様な小売業態が生まれる。それに対し，生産財の場合には，最終顧客が品揃えの多様性を求めるわけではなく，むしろ製品技術についての専門性やサービスを重視する傾向が強いため，品揃え形成はあまり重要な課題とはならず，そのためにさまざまな分野の生産財を扱う総合的な大型店舗の業態は形成されないという特徴がある。

第10章　チャネルを構築する

2　チャネルの選択

　生産財のチャネルを構築する際に，まず問題となるのが，最終顧客に対して直接販売を行うか，それとも販売代理店のような流通業者を利用するかという意思決定である。そしてこの選択は，流通業者を利用することのメリットとデメリットを比較して行われる。

◆**間接流通のメリット**
　流通業者を利用することのメリットについては，まず，生産財の取引が継続化しやすいことに基づいて，次のように考えることができる。
　生産財の取引が継続的に行われるのは，売り手と買い手が継続的な取引に基づく信頼関係や情報共有による経済的なメリットを期待するからであるが，そのことは，新規に取引に参入しようとする業者にとって，コスト的な参入障壁があることを意味している。つまり，後発的に市場に参入しようとする企業は，信頼できないとか情報共有がないという理由によって，買い手側から選択されにくい。
　そのような状況において，メーカーが需要者に直接販売しようとすれば，顧客との間に信頼関係を構築し，相互の情報を共有し合うまでに，多くの時間と営業努力が必要となる。そこで，そのような取引関係を構築するための時間や費用を節約するために，流通業者の利用が選択されるのである。
　このとき販売代理店として選ばれやすいのは，そのメーカーが製品を販売したい顧客とすでに関連分野の製品での取引関係を構築している業者である。というのは，そのような流通業者はある特定の専門領域について技術知識やサービスの能力を蓄積することで，顧客から問題解決を期待されて，顧客との取引関係を維持できているからである。流通業者としても，顧客からの期待に応えるために，その特定領域における問題解決の提案メ

ニューを増やすことは，有利な選択となりやすく，それだけ販売に協力しやすいと考えられる。

　また，そのような流通業者は，顧客との間に信頼関係を構築するように努めていて，顧客からも特定領域に関する問題解決を期待されているために，顧客からの需要情報を収集しやすい立場にある。それゆえ，新規に取り扱う製品についても，それが関連する領域であれば，どこにどれほどの顧客がいるかを予測しうるために，メーカーが直接販売するよりも，効率的で効果的な営業活動を展開することができる。

　さらに，生産財の取引において，製品の設置や保守などのサービス活動が重要となる場合があるが，そうしたサービス活動を流通業者に代行してもらうためにも，流通業者を利用することが多い。それは，すでに流通業者が，その種のサービス活動を顧客に提供していて，その技術的・専門的な能力が流通業者に蓄積されていたり，流通業者が広い地域の顧客に対するサービス網をすでに形成していたりする場合に，流通業者をサービス活動の代行業者として利用することが有利になるからである。つまり，流通業者にサービス活動を任せることで，メーカーは迅速に広い地域の顧客に製品を販売することができるのである。

◆間接流通のデメリット

　流通業者を利用する場合には，次に述べるようなデメリットが発生するために，前述のメリットと比較して，そのデメリットが大きい場合には直接販売が選択される。

　まず，流通業者は自らの競争的ポジションを考慮して，顧客への提案の方針や内容を決定するが，それがメーカーの期待と異なる場合がある。たとえばメーカーが，製品の技術的な優位性を顧客に訴えて，競合製品に対する差別化を意図しているにもかかわらず，流通業者は，価格の低さや配送の迅速性で競争していて，技術的な提案が十分にできないことが考えられる。あるいはメーカーとすれば，製品の情報について積極的に顧客に提

供して販売してもらいたいと考えても，流通業者は，カタログやパンフレットを配布するだけで，顧客の注文に受動的に行動する場合もある。

しかも，流通業者が関連する分野の製品を同時に扱っている場合，とりわけ競合する企業の製品も同時に取り扱っている場合には，流通業者が，どの製品を顧客に重点的に提案するかは，流通業者の戦略によって決まるため，必ずしも当該製品の営業活動に努力してくれるとは限らない。それどころか，流通業者に競合企業よりも積極的に販売してもらうために，流通業者に有利な取引条件を提示しなければならず，流通業者の取り扱いをめぐって競合企業と価格競争にもなりやすい。

また，流通業者を利用すれば，顧客の製品についての需要情報をメーカーが収集できなくなるという問題がある。流通業者と顧客との間には信頼関係が形成されて情報が収集されていても，流通業者は，収集した情報をメーカーにわざわざ伝えるとは限らず，組織が異なるために，情報を正確に伝えることも難しい。とくに流通業者の利益やメーカーとの長期的な取引関係を損なうような情報は，ほとんど伝わらない。したがって，今後の新製品開発やサービス活動のためにメーカーが顧客から需要情報を収集することを重視する場合には，流通業者を介さずに，直接的に顧客と接触することが選択される。

さらに言えば，顧客に製品を販売するとき，開発部門，生産部門，顧客サービス部門と緊密な連携を取らなければならない場合には，流通業者を介して顧客の情報を得ていることが，これらの職能間連携にとって不利となりやすい。たとえば，製品をカスタマイズするためには注文の背景にある顧客のニーズや問題の情報が開発部門の設計担当者にもたらされる必要があるが，流通業者というフィルターが入ることによって，そうした職能間の連携が難しくなる。同様に，受注生産や顧客適応的なサービスを顧客に提供するうえでも，顧客の情報が迅速かつ正確に生産部門や顧客サービス部門に伝わる必要があり，流通業者が介在すると，情報の正確性や迅速性が確保しにくくなるのである。それゆえ，メーカーがカスタマイズや受

注生産，顧客適応的なサービスを行うことを重視する場合には，職能間の連携のために顧客への直接販売が選択されやすくなる。

◆チャネル選択問題

これまで説明してきたように，流通業者を利用することについては，メリットとデメリットがあり，それらを比較して，間接流通にするのか直接販売にするのかを意思決定することになる。

ただし，これらのメリットとデメリットは，顧客によって異なることが予想される。たとえば，顧客とすでに何らかの取引関係がある場合やサービス活動へのニーズが低い場合には，あえて流通業者を利用するメリットが少ないと考えられる。他方で，販売規模が大きくない顧客については，製品開発のための需要情報を収集する必要が少なく，直接販売のメリットが少なくなると予想される。

また，製品によっても，メリットとデメリットの大きさが異なることが考えられる。たとえば，同じ製品ラインのなかにも，顧客ごとにカスタマイズして受注生産する製品とどの顧客にも共通の製品を見込み生産する製品の両方が含まれている場合がある。

さらに，製品ライフサイクルの段階によって，メリットとデメリットの大きさが変化することも考えられる。一般的に，導入期の段階では，売り手企業の経営資源も限られるために，流通業者の販売網やサービス網に依存することで成長を遂げることが多く，企業規模が大きくなり，さらに競合企業と新製品開発や顧客サービス活動で差別化する必要性が高くなれば，直接販売を選択する可能性が高くなる。

ところが，このように顧客ごと，製品ごと，時期ごとで個々に合理的なチャネルを選択するというのは，実際には難しい。

まず，流通業者に製品の販売活動やサービス活動をゆだねる場合，その流通業者との間にパートナーシップを構築する必要がある。このパートナーシップをつくれないと，メーカーのマーケティング戦略を反映した市場

開拓ができなかったり，顧客の情報が入手できなかったりするだけでなく，流通業者との交渉・駆け引きのために多くの取引費用が必要になるからである。

ところが，顧客ごと，製品ごとで流通業者を利用するかどうかを決めていくと，流通業者との間でパートナーシップを形成しにくくなる。それは，メーカーが直接販売する顧客や製品については，流通業者と競争関係になることを意味しているからである。また，メーカーが直接販売しようとする顧客や製品というのは，効率的に販売できる大口顧客や需要が旺盛な製品であり，流通業者には，市場開拓に費用がかかる顧客や製品を扱わせるということになり，それでは流通業者が販売代理店となるメリットが少なくなり，そのような取引にはコミットしないと予想される。

さらに，製品ライフサイクルの段階によって合理的なチャネルを選択すれば，流通業者の利用を中止して，直接販売に変更することも起こりうるが，それでは，流通業者との間に安定的なパートナーシップを築けないのである。

したがって，チャネルの選択は，個々の顧客や製品ごとに決定しにくく，一度決めると容易に変更しにくいものであるために，事業部単位や製品群，顧客層単位で戦略的に決定することが必要となる。

しかも，直接販売のための営業組織やサービス・ネットワークは，追加される製品について，技術が大きく異ならない限り，費用の増加はそれほど大きくならない。つまり，複数の製品について共通の経営資源を利用できることによる経済性という意味での範囲の経済性が得られる。これは流通業者にとっても同様である。したがって，こうした範囲の経済性が得られる限りにおいて，同じチャネルを選択することが合理的になり，したがって，先行的に開発している製品が間接流通か直接販売かによって，以後のチャネル選択は大きく左右されるため，今後の新製品のチャネル戦略も考慮してチャネルを決定する必要がある。

すなわち，外部の流通業者を利用するというのは，資本を固定しないの

Column ⑥　東陶機器の「コンタクト21」

　東陶機器（TOTO）は，衛生陶器業界でシェア1位の業界リーダー企業である。衛生陶器業界は，TOTOと業界シェア2位のINAXとの2大メーカーによる寡占市場の状態にあるが，TOTOは1998年に上場以来，はじめて経常赤字を経験した。それまで新築住宅向け販売が中心だったのが，新築着工件数の急激な減少にともない，販売件数が減少したのである。この時点で，新築需要依存から脱却し，増改築需要を取り込むために，チャネルの再編成による販売力強化をめざす「コンタクト21」という販売改革計画が打ち出された。

　TOTOは，代理店を利用し製品を販売しているが，その流通は，250社の「特約店」からなる1次代理店，数千店の2次代理店，さらにその下に水道工事店，電気工事店，設計事務所，工務店といった業者からなる。新築住宅向け販売を中心としていた時期は，1次代理店へのルート営業により，住宅着工計画などの情報収集を行っていたが，増改築需要を取り込むためには，末端の消費者と直接接点をもつ工務店や水道工事業者，設計事務所に働きかけ，消費者情報を収集し，TOTOの製品を販売してもらう必要があると考えられた。

　TOTOは，それまでの代理店営業において接触がなかった施工業者や設計事務所との関係を強化するために，増改築の施工業者を「リモデルクラブ」と呼ばれる会員として組織化した。営業担当者は約1000人で，施工業者すべてをカバーするには限界があるため，支援システムや受発注システムなどの情報技術を用いた仕組みを利用しつつ，これらの業者の消費者への販売促進をサポートし，彼らから増改築需要を拾い上げていった。その結果，「コンタクト21」計画導入から3年度後の2002年度には，増改築需要が51％と新築需要を上回り，需要構造の転換に対応できるようになっていった。

　代理店営業は営業担当者のカバーできる範囲を考慮すると効率的だが，一方で最終ユーザーからの情報を収集するには限界がある。TOTOの事例は，末端の業者を組織化し，サポートすることで情報収集を可能にしたのみならず，TOTO製品の販売協力関係を構築することに成功した事例と言えよう。

　（参考）　神戸ビジネススクール・ケースシリーズ，2004-01「TOTO—東陶機器株式会社」

で，環境変化に対応して柔軟にチャネルを変えられるように見えるが，流通業者とのパートナーシップの効果を期待する限り，直接販売の営業組織と同様に硬直的になるのである。しかも，事業を多角化している企業の場合，直接販売の営業担当者は事業部間の配置転換が可能となるが，間接流通の販売代理店の場合には，そうした配置転換が難しいために，いっそう硬直的になる場合さえある。

ただし，それでも特定少数の重要顧客については直接販売を行い，顧客から需要情報を収集することに努める一方で，その他の多数の顧客については，流通業者を通じた間接流通を採用し，効率的に販売するというチャネル戦略をとる場合がある。それは，複合的チャネル戦略と呼ばれ，流通業者とのコンフリクトを管理する必要はあるが，重要顧客からの需要情報に基づいて製品開発・技術開発を行い，その開発力を生かして，他の多数の顧客への製品販売を達成するとともに，それに基づいて生産における規模の経済性を確保して，価格競争力も形成することもできる。

3 チャネルにおける物流問題

チャネルの選択や管理において，物流問題が重要な位置を占める場合がある。それは顧客に対する迅速な配送が競合に対する差別化要因になる場合である。このような迅速な配送を達成するためには，製品の出荷・配送に要する時間と受注情報の処理時間を短縮することが重要になる。

生産財において迅速な配送が要求されるのは，次のような状況である。まず，ハイテク製品で典型的だが，販売する部品や機械について，技術革新が頻繁に発生し，在庫期間において技術的な陳腐化や低価格化が発生する場合である。このような製品事業では，最終顧客や流通業者は，先行的な発注を避けることで，在庫リスクを回避しようとする。このとき，メーカーが注文を受けてから配送までの時間がかかるようなら，買い手は，そ

の時間を見込んで先行的に発注せざるをえなくなる。そこで迅速な配送ができれば，顧客や流通業者に選好され，競争優位を形成できることになるのである。

同様の在庫リスクに関わるニーズは，最終製品の需要が不安定な場合にも部品や原材料で発生する。すなわち，最終製品が爆発的に売れる場合もあれば期待どおりに売れない場合もあるというように売れ行きの予測が難しい状況では，その製品の部品や原材料の調達も難しい意思決定になる。そこでは，最終製品の販売動向を見ながら調達量を調整することが望ましい。発注する時点もできる限り最新の販売動向を反映したものとなるように，先行的な注文を避けて，小口で発注するようになる。こうしたニーズがある状況でも，迅速な配送が競争優位をもたらすのである。

他方で，情報通信技術の発達は，こうした迅速な物流処理や情報処理を技術的・費用的に可能にした。つまり，自動化・機械化の進んだ物流センターや注文情報を迅速に処理する情報システムが導入されることによって，迅速な配送が可能になっているのである。ただし，こうした物流センターや情報システムは，投資額が大きく，規模の経済性が強く作用するために，広域の配送体制や物流作業のアウトソーシングが採用されることになる。

さて，こうした迅速な配送のニーズと実現の可能性が高まることによって，メーカーのチャネル戦略においては，次の2つの傾向が顕著になる。

1つは，物流センターや情報システムに積極的に投資した既存や新規参入の流通業者を利用するチャネル戦略が展開されることである。この流通業者は，迅速な配送サービスを提供することで，新規のメーカーや最終顧客との取引を開拓し，流通における市場シェアを伸ばし，それに基づく規模の経済性を追求していくのである。メーカーとすれば，迅速な配送のための投資を回避しながら，顧客からの配送サービスのニーズに応えるために，物流業務をこうした流通業者にゆだねるのである。

そしてもう1つは，メーカーが物流センターや情報システムに投資して，顧客への直接配送を行うものである。この場合，物流専門業者を利用する

ことはあっても，商品の仕入れ・販売を行う流通業者を排除した直接販売チャネルが選択されやすくなる。というのは，新規の市場開拓があまりなく，継続的な取引が中心となる産業で顕著であるが，物流業務をする必要のない流通業者は，単なる仲介ビジネスとなって，機能的な存在根拠が小さくなるからである。

4 サービス・ネットワークの構築

　物流と並んで顧客へのサービス活動も，メーカーのチャネル戦略に重要な影響を与える。それは，商品の販売活動を行う流通業者が，同時に顧客サービス活動を代行する場合があるためである。

　顧客サービス活動とは，有償か無償かを問わず，機械・設備のような製品の納入後に行う製品の保守・点検・修理や納入時に行う製品の設置やソフト・システムの調整などの人的に行う活動である。生産財の場合には，この顧客サービスが技術的な問題解決をともなうために技術サービスと呼ばれることもある。

　この顧客サービスは，製品のハードとして顧客に提供するものではなく，顧客のもとにサービスのスタッフを派遣して，顧客サービス活動という人的な労働を提供するという特徴がある。それゆえ顧客サービス活動は，事前につくり置きして，在庫を準備することができないため，サービス・スタッフを顧客のサービス需要のピーク時に合わせて雇用する必要があり，その人員の処理能力を超えたサービス需要には対応できない。また，顧客のもとでサービス活動を行うため，顧客が地域的に分散していれば，サービス拠点も分散させて立地させなければ，顧客の迅速なサービス要求に応じることができない。

　さらに言えば，顧客サービス活動は人間が行うために，状況によって柔軟に対応できるというメリットがある反面，①サービス・スタッフの能力

のばらつき，②顧客の状況・条件の多様性，③顧客サービス活動についての顧客のニーズの違いなどの要因の影響を受け，しかも，顧客のもとで行うために作業を本部で監視できないことから，顧客サービス活動の品質が不安定に変動しやすい。

　これらの顧客サービス活動の特質から，サービス・スタッフを地域的に分散して配置しながら，それらの提供するサービスの品質を管理するという課題が重要となる。そして，この課題については，次の2つの対応が考えられ，それによってメーカーのチャネル選択も影響されることになる。

　1つは，販売代理店に顧客サービス活動を任せることであり，この場合には，顧客サービス活動も考慮されて間接流通チャネルが選択されることになる。もともと顧客サービスを提供する地域や顧客層は，当然，製品を販売する地域や顧客層と同じであり，両者の顧客情報は共有するほうが望ましいために，販売活動とサービス活動とを同じ拠点で展開することが効率的となる場合が多い。また，メーカーとすれば，サービス拠点を新たに全国各地に配置するための投資を節約するとともに，顧客サービス活動の品質を管理するための能力を蓄積する必要がなく，迅速に顧客サービスのネットワークを張り巡らせることができる。

　もう1つは，メーカーが直営のサービス拠点のネットワークを構築したり，専門の顧客サービス企業にアウトソーシングしたりすることで，この場合には流通業者を利用するメリットが小さくなるために，メーカーによる直接販売のチャネルが比較的採用されやすいと考えることができる。

　このように流通業者をサービス拠点として利用しない状況として考えられるのは，顧客サービスが技術的に専門性の高いサービスであり，その専門的能力が販売の能力とは大きく異なる場合である。つまり，販売代理店がサービス拠点を兼ねることで効率性が高まらず，むしろ，顧客サービス活動のための技術的な能力が問題になる場合には，流通業者以外のサービス拠点の展開が必要になるのである。

　そして，もう1つの状況として，流通業者がそのような専門的な顧客サ

ービス活動を展開しうるとしても，そのサービスの品質がメーカーや顧客の期待水準よりも低く，不安定な場合や，メーカーが，顧客サービス活動を通じて差別化を達成しようとする場合がある。この場合には既存の流通業者による顧客サービス活動ではなく，新たに構築されたビジネス・システムによる高品質のサービスを顧客に提供することになる。

5 インターネットの利用

　インターネットの普及は，広告・販売促進戦略だけでなく，チャネル戦略にも影響を与えている。それは，インターネットをチャネルとして利用した電子商取引の展開である。具体的には，メーカーが自ら電子商取引を行うウェブサイトを開設し，そこで顧客からの注文を受け付けるものである。インターネットという手段によって，これまでのような直営の販売拠点を設けることに比べると，はるかに容易に低コストで直接販売に進出できるようになったのである。またウェブサイト開設は，取引先や製品についての情報を求めている潜在的な顧客企業の探索コストを引き下げることになるという点で，売り手企業にとって潜在顧客を発見しやすくなるというメリットがある。

　ただし，インターネット利用による直接販売には2つの障害がある。1つは，インターネットの電子商取引サイトを潜在的な顧客に閲覧してもらわなければ，彼らと直接取引ができないが，インターネットでは，どのようにして潜在顧客を電子商取引サイトに吸引するかが問題となるのである。つまり，企業名や電子商取引をしていることが知られていない場合，潜在需要者が，製品購入のためにインターネットを利用しようという気にはならず，インターネット販売の規模が大きくならないのである。

　そこで，新規顧客に対する電子商取引を展開しようとするメーカーは，インターネットや新聞，雑誌などで電子商取引のことを広告して，潜在顧

客を電子商取引サイトに誘導しなければならない。したがって，その広告費用が大きな負担となる。

しかも，同種の製品で複数のメーカーが電子商取引を展開し，競争する場合，電子商取引による利益はいっそう圧縮される。潜在顧客は，容易に想起されるメーカーのサイトを先に閲覧する傾向があるため，電子商取引についての広告活動を積極的に行う企業ほど，あるいはウェブサイトを検索エンジンにかかりやすくする努力をする企業ほど，潜在顧客の需要をより多くとらえることができる。つまり，広告に関して競争が熾烈になりやすく，それだけ広告費用が大きくなるのである。

また，電子商取引を行うメーカー間の競争は，広告だけでなく，価格競争も激しくさせることになる。というのは，インターネットでは潜在需要者が，さまざまな電子商取引を行うメーカーの製品価格についての情報を収集し，比較することが容易になっているからである。したがって，価格について競合メーカーよりも魅力あるオファーができなければ，直接販売で優位に立つことはできないために，この価格競争も利益を圧縮する要因となる。

そして，2つめの障害は，既存の流通業者との関係に関わるものである。新規の潜在顧客を開拓しようとすれば，上記のように広告費用がかかるが，すでに取引関係のある顧客に対してインターネットで製品を販売する場合には，広告費用の問題は発生しないものの，流通業者との対立問題が発生しやすいのである。

もともとメーカーがインターネットでの直接販売をしようとするのは，顧客が多数存在していて，カスタマイズや受注生産などの詳細な情報のやりとりをともなわずに，製品の仕様や価格などのデータで取引ができる製品である。そのような製品については，メーカーは直接販売よりも販売代理店を利用した間接流通のほうが効率的となるために，既存顧客についても，流通業者を介して製品を販売していることが多いと予想される。

そのような状況でメーカーが電子商取引による直接販売に移行しようと

すれば，これまでその顧客への販売代理店となっていた流通業者との対立は避けられない。その流通業者にとっては，自らが獲得し，関係を維持してきた顧客をメーカーに奪われる可能性があり，今後はメーカーとも競合することになるからである。ただし，すべての顧客への販売を電子商取引に速やかに移行できるわけではないために，流通業者との対立を発生させてしまうと，電子商取引に移行しない顧客への販売についての流通業者との協力関係も崩れ，製品の市場シェアが低下することになる。

そこで，この対立問題を回避するためには，従来から直接販売を行ってきた顧客層や流通業者にとっても販売効率の悪い顧客層に限定して，電子商取引を実施することが考えられる。また，インターネットの利用によって，こうした顧客層との関係維持を従来よりも効率的かつ効果的に行いうるのである。

たとえば，前者の直接販売をしてきた顧客層というのは，重要な顧客層であり，彼らからの需要情報を収集するためにメーカーの営業担当者が直接的に対応していることが多い。その営業活動において，インターネットにおける顧客とのコミュニケーションを補完的に利用することによって，関連する業務用供給品のインターネット販売に加えて，営業担当者が接触することなく，顧客の需要情報を収集したり，情報を提供したりすることができるのである。それは，営業担当者が接触しにくかったり，営業担当者と接触することに心理的な負担感があったりする技術者との情報交換などで有効な手段となる。

他方で，後者の販売効率の悪い顧客というのは，取引額が小規模で，地方に点在する顧客や業務用供給品などの低単価の製品のみを購入する顧客などである。このような顧客との取引は，販売成果のわりに営業コストがかかるため，流通業者としても営業努力を投入しにくいものとなる。そこでこれらの取引を電子商取引に移行させることで，より低コストで製品を販売するとともに，その顧客とインターネット上で情報をやりとりすることで，顧客の満足度を高めるのである。同時に，流通業者の営業努力をも

5 インターネットの利用

表10-1　複合的チャネル戦略の例

市場セグメント別チャネル	直接・間接	主要チャネル
重要顧客向けチャネル	直接流通	営業組織とインターネット
中間層顧客向けチャネル	間接流通	販売代理店
小規模顧客向けチャネル	直接流通	インターネット

っと販売成果を上げやすい顧客にシフトさせることも可能となる。

　したがって，販売代理店とインターネットとを同時に使うことで，①重要顧客セグメンテーションに対する自社の営業組織とインターネットを利用した直接販売，②中間層の顧客セグメンテーションに対する販売代理店を利用した間接流通，③小規模取引の顧客セグメンテーションに対するインターネットを利用した直接販売という3つのタイプの顧客層に分けた複合的チャネル戦略の可能性がもたらされるのである。

演習問題

1. 直接流通を戦略的に展開している生産財企業の事例を1つ取り上げて，直接流通がどのように競争優位に貢献しているかを説明しなさい。
2. 販売代理店とのパートナーシップを形成している生産財企業の事例を1つ取り上げて，その有効性を分析しなさい。
3. 生産財企業を1つ取り上げて，近年の環境変化とチャネル戦略の転換について説明しなさい。
4. 生産財において電子商取引を展開している事例を1つ取り上げて，その有効性と課題を分析しなさい。
5. 直接流通への移行が見られる産業を1つ取り上げて，それが流通業者（販売代理店）にどのような影響を与えているのかを説明しなさい。

第11章
これからの生産財マーケティング

1 生産財マーケティング戦略をめぐる環境変化

◆成熟期の生産財マーケティング戦略

　多くの生産財メーカーにおけるマーケティング戦略に対して，最も重要な影響を与えている環境変化の1つは，産業のライフサイクルが成長期から成熟期に移行したことである。成熟期への移行にともなって，市場拡張が期待できずに競争が厳しくなっただけでなく，マーケティング戦略の転換が必要とされるようになったのである。

　成熟期のマーケティング戦略と言えば，消費財においては，消費者需要の多様化などの需要の質的変化に対応したマーケティング戦略として一般的にとらえられる。しかし生産財では，消費者需要の多様化の影響は間接的であり，むしろ系列取引の縮小化や販売・調達市場のオープン化のような企業間の戦略的パートナーシップの変化でとらえられることになる。

　まず，産業が成長しているときには，生産財メーカーは次の2つの理由から特定顧客への取引依存度を高く維持する戦略的パートナーシップが有効となりやすい。

第11章　これからの生産財マーケティング

　第1に，産業が成長している段階では，売り手企業も買い手企業も積極的に設備投資をしていかなければならないために，長期的なパートナーシップが必要となる。たとえば部品メーカーと顧客の完成品メーカーとの取引において，部品メーカーが設備投資に消極的であれば，完成品メーカーが旺盛な需要伸長にあわせて製品の生産量を増やすうえで，その部品の調達がボトルネックになる。もしその部品産業が未成熟で，代替的な部品メーカーが少ないならば，完成品メーカーとしては，その部品メーカーと長期的な取引関係を樹立して，部品メーカーが設備投資できるような環境をつくる必要がある。

　これは，買い手企業が依存形成戦略をとり，売り手企業が依存成長戦略をとることで，設備投資を促進して，ともに成長するというwin-winの関係を築くことをねらったものである。またこのwin-winの関係では，取引依存度が高いゆえに情報が漏洩する懸念がないので，情報共有も進みやすいというメリットがあった。

　そして第2に，顧客の産業が成長している場合には，その顧客の売上増加にともなって部品や原材料，機械・設備などの取引量も増えていくために，生産財メーカーは特定顧客との戦略的パートナーシップを結んでいることでも十分に成長できたのである。むしろ，それらの生産財メーカーにとっては，市場開拓に経営資源を割くよりも，特定顧客向けの開発や生産に経営資源を割り当てるほうが，効率的に売上や利益を伸ばせることになりやすかったと考えられる。

　ところが産業の成長率が低下し，顧客産業の市場拡大を期待できなくなれば，状況は変化することになる。顧客の側では，調達先の企業が供給量拡大のための設備投資をするかどうかは，重要な関心事ではなくなり，従来のような高い依存度のもとで安定的な取引関係を築くことが重視されなくなる。しかも，部品や原材料，機械・設備のメーカーとしても，特定企業への販売だけで企業の成長をはかることができず，むしろ取引先を増やす努力が成長のためには必要になってくる。そうなれば，これまでの安定

した取引関係を見直すことが行われ，近年の日本における系列取引の縮小化は，こうした背景のもとで進行しているのである。

　ただし，企業間の戦略的パートナーシップのすべてが有効性を失ったわけではない。依存形成戦略と依存成長戦略のもとで取引依存度を高く維持するだけでは，企業間の取引関係を継続させることができず，価格や技術において優位な競合企業に市場を奪われる危険性が高くなったということである。すなわち，戦略的パートナーシップのもとで既存顧客の需要情報を把握し，顧客適応的な製品戦略やサービス戦略によって競合企業に対する差別化を行うことの有効性まで損なわれたわけではない。むしろ，顧客のニーズや技術的条件から，そのような差別化の有効性や可能性は大きくなっていると考えられる。

◆製品のハイテク化とサービス化

　生産財メーカーの戦略選択においては，機械・設備や電子部品などの産業で顕著なように，製品がハイテク化し，技術的に高度で複雑なものに変化していることによる影響も考えることができる。

　製品がハイテク化すると，営業活動において技術的に高度な知識や情報処理能力が必要になり，従来のように営業担当者が自らの知識と経験に基づく販売スキルだけで顧客に製品を提案することが難しくなる。つまり，開発部門や顧客サービス部門などの技術者やデータベースの助けを借りなければ，顧客への提案がうまくいかないようになってきたのである。

　また，製品がハイテク化することによって，顧客側において，製品だけでなく，システムやソフトウェアなどの情報サービス，あるいは製品の保守・点検・修理などの顧客サービスへの需要が大きくなってきている。他方で，製品がハイテク化すれば，営業活動において，顧客に製品を売り込むだけでなく，顧客への提案や顧客の問題解決を志向する可能性が広がりやすくなる。というのは顧客への技術面での情報提供やハイテク製品の保守のようなサービス活動が必要になったり，多様な製品を組み合わせて，

第11章 これからの生産財マーケティング

システムとして提供したりすることで，顧客の問題にさまざまな解決方法を提案できるようになるからである。

そして，こうした顧客へのサービス活動が重要になれば，サービス提供者として顧客の情報を把握している企業ほど，顧客需要に合ったサービス活動を提供できるため，いったんサービスについて取引関係ができると，競合企業がその取引関係に割って入ることは難しくなる。つまり，サービス活動というのは，顧客との関係を継続化させるものとなり，サービスという付加価値で競合に対して差別化することが可能になる。

このような製品のハイテク化やサービス化は，マーケティング戦略に対してさまざまな影響をもたらす。

まず1つは，こうした製品の変化は，顧客にとっての製品の価値が，製品によってもたらされる機能だけでなく，あわせて提供されるシステムやソフト，サービスによる便益に広がったことを意味し，そのために営業活動において製品を売るだけではなく，顧客の問題を解決するというスタンスが要求されるようになったことである。

さらに，営業部門や顧客サービス部門，開発部門などの各部門が独立して役割を果たすことでは効果的な問題解決を行えないために，部門間で協力して顧客の問題を解決することが重要になってきている。つまり，マーケティング戦略において，職能横断的な連携をいかに確保するか，また，そのような職能横断的な連携を通じて，顧客との関係をいかに構築するかが重要な問題として認識されるようになったのである。さらに言えば，こうした職能横断的な問題解決が戦略的に重視されることから，直接流通への転換というチャネル戦略の変化も引き起こされるのである。

◆市場の国際化

近年における市場の国際化もまた，生産財メーカーの戦略選択において考慮される環境要因と考えられる。この市場の国際化には，販売市場の国際化，国内市場における海外企業との競争，部品・原材料などの調達市場

の国際化の3つが含まれる。

　まず，販売市場の国際化とは，経済発展が著しい中国などの大きな新興市場が誕生したことが1つの重要な要因となっている。これらの国において，低い賃金水準や工業インフラ，法制度といった条件が整うことによって生産拠点が次々と設立され，それにともなってこうした国における部品や原材料，機械・設備の需要が高まっている。また，これまで取引のあった顧客が生産拠点を海外に移したり，進出したりすることから，生産財メーカーが顧客の要請に応える形で海外市場に進出する一方で，そのために国内市場の成長が見込めなくなり，海外市場を開拓する必要性も高まっているのである。

　次に，国内市場における海外企業との競争とは，国内市場に海外企業が参入することで，海外からの輸入品と競合するようになることである。これは，日本における系列取引の縮小化や規制緩和にともなって，海外企業が価格や技術での優位性を基盤に日本市場に参入してきたために発生している。グローバル戦略を志向する海外企業は，もともと国際市場で製品を販売しているために，生産に関する規模の経済性に基づくコスト優位を形成しやすく，また，その売上規模から開発投資額も大きくなるために技術優位も有していることが多い。また新興国企業の技術的な向上とコスト競争力は，国内企業を脅かす存在として成長している。

　それに対し，これまで国内を市場としてきた生産財メーカーは，特定の顧客との間に戦略的パートナーシップを形成することで市場を維持してきたが，そのようなパートナーシップに基づく経済的なメリットよりも低価格や高い技術力を顧客が評価するようになれば，市場を奪われる脅威にさらされることになる。

　そして，調達市場の国際化とは，メーカーの部品・原材料の調達先が海外に広がっていることを意味している。これは，上述のように海外企業が日本の生産財市場に参入していることと表裏一体をなしている。この場合には，生産財メーカーが部品・原材料を調達する立場にあり，それらの価

第11章　これからの生産財マーケティング

格や技術に基づいて，国際的に最も優れた企業から調達することになり，それまでの部品・原材料の系列取引による調達や自社での生産（内製）からの転換を意味している。

ただし，低価格で高い技術の海外企業の部品・原材料を調達することが，自らが生産する製品のコスト優位や技術優位を形成するとは限らない。なぜなら，これらの部品・原材料は国際的に標準化された製品であることが一般的であるために，競合するメーカーも同じように低価格と高い技術の部品・原材料を利用しうることになるためである。

さて，これらの市場の国際化はいずれも，低コスト化や技術革新に向けた企業努力をますます要求することになる。そのための企業戦略として，事業の選択と集中を積極的に行い，世界市場においても優位を占める事業に経営資源を集中させ，生産や販売における規模の経済性を活かしたコスト優位を構築したり，研究開発・技術開発への投資を集中させて技術優位を高めたりすることが求められるようになった。

こうした事業の選択と集中は，それまでの戦略的パートナーシップに基づく特定顧客との関係を重視する戦略よりも，より広範囲に多数の顧客を開拓する戦略が選ばれやすいことを意味している。また，規模の経済性を効果的に導き，生産拠点や開発拠点を国際的に管理するために，単に販売局面だけでなく生産や開発のプロセスを巻き込んだマーケティング戦略が必要とされるようになったのである。

◆情報技術の発達

近年の情報通信における技術革新は，企業のマーケティング戦略に対してさまざまな影響を与えている。まず1つは，インターネットを通じて潜在市場を開拓できるようになり，メーカーは市場を従来よりも広範囲に広げることが可能となった。ただし，インターネットを通じて販促的な情報を提供できるのは，基本的に，需要者が検索などをして能動的に情報収集に努めることが前提にあるために，広告や販売の目的のサイトを開設する

だけでは市場を開拓できない。つまり，実績がある先発企業や知名度の高い大規模企業になるほど，需要者が情報を優先的に集めるために，インターネットの販促効果は高くなる傾向がある。

2つめの影響は，インターネットなどの情報通信技術を使って，既存顧客とのコミュニケーションが行われるようになったことである。これまでは取引する製品の仕様や設計，生産についての情報を交換するとき，双方の技術者の間で直接的に情報交換をするうえで，打合せをすれば時間がかかり，電話やファックスなどを利用した情報交換では図面や諸データなどの大量の情報を送れないという問題があった。そこで営業担当者が介在し，情報交換を整理する必要があったのである。この情報交換が，電子メールやCAD（computer aided design：コンピュータ支援設計）などのコンピュータ・ネットワークが担当者間に構築されることにより代替され，技術者間で直接，情報を交換できるようになったのである。

この変化は，顧客との関係維持のためにコミュニケーションを集約して媒介するという営業担当者の役割が，コンピュータ・ネットワークによって代替されるようになることを意味している。また，従来よりも売り手企業と買い手企業との双方における多くの担当者を巻き込んだ形での関係の構築・維持が展開されるために，それを適切に管理する重要顧客管理や関係性マーケティングの重要性が増してきたのである。

さらに，こうした顧客との情報交換とも関連することであるが，情報技術による3つめの影響として，生産プロセスに情報技術を導入することによって，迅速で柔軟な生産体制が可能になったことが挙げられる。それはカスタマイゼーションについて，顧客からの仕様についての受注情報をコンピュータ・ネットワークで処理し，その情報にしたがって自動化された生産システムで生産を行うことである。

そして，このような迅速かつ柔軟な生産体制は，カスタマイズによる製品差別化を通じて競争優位の形成が可能になることであり，製品戦略に影響を与えることになる。つまり，情報技術を導入した生産システムが製品

第11章 これからの生産財マーケティング

戦略を支える条件となり，その意味で，従来のようにマーケティングと生産活動とが独立した問題ではなく，マーケティング戦略が企業の生産システムを含めて検討されることになるのである。

2 関係志向と拡張志向のマーケティング戦略

　これまで述べてきたように，産業のライフサイクルが成熟段階になることによって，顧客への高い依存度を基礎とする成長戦略が有効でなくなり，他方で，製品・市場・技術に関わる環境変化の影響によって，顧客との関係をめぐる戦略を転換する必要性や条件がもたらされたと考えることができる。ただし，これらの環境変化は，顧客とのクローズドな関係において高度な問題解決を提供する戦略的パートナーシップを強化する一方で，オープンな市場のなかで突出した競争優位をめざす戦略の展開を促すものと言える。

　そこで企業では，この2つの方向性について，どのような戦略に転換すべきかを考える必要がある。

　◆関係志向のマーケティング戦略

　これは製品のハイテク化・サービス化にともなって顧客サービス部門を巻き込んだ顧客への対応が要請されるようになったことと，情報技術の発達によって，売り手・買い手の双方の技術者がコンピュータ・ネットワークを介して緊密に情報交換を行い，特定顧客のためのカスタマイズされた製品を迅速かつ柔軟に受注生産できるようになったことによって強化された志向である。

　なお，これらのことから理解されるように，この場合の関係志向とは，開発部門や生産部門，顧客サービス部門などと営業部門が連携して問題解決を行うという特徴と個々の顧客に適応した対応を行うという特徴の2つ

を含んだ志向として考えている。すなわち，従来から重視されているような，単に顧客企業との長期的な信頼関係を築くというだけではなく，職能横断的に対応して，顧客適応的な関係を構築することとして関係志向がとらえられているのである。

この意味での関係志向をめざすとき，まず営業活動の性格が大きく変わることになる。産業ライフサイクルの成長期においては，営業担当者が顧客企業の購買担当者との間に人間関係を形成して，顧客の注文情報を収集し，それに機敏に応えることを通じて，取引を安定的に増加させることが重要であった。依存成長戦略のもとでは，顧客の注文に迅速かつ効率的に応えることが重要であり，顧客からの情報にも依存していたからである。

ところが，顧客の期待が，製品開発や専門技術によるサービス活動を巻き込んだ形での問題解決の提案に推移しているために，かつてのような受動的な注文に基づく設計や生産に基づいて，営業担当者が機敏に動くことだけでは顧客の満足が得られなくなっている。開発部門や生産部門，顧客サービス部門と連携して顧客の問題を解決することや，そのような専門的な能力に裏づけられた高度な問題解決を顧客に対して積極的に提案することが求められるようになったのである。さらに，情報システムを導入した柔軟な設計や生産の体制が，より多くの顧客に対する個別の問題解決を展開することを可能にしている。要するに，高い取引依存度と営業担当者の個人的な努力で形成される信頼関係による差別化から，専門的な能力に基づく企業レベルでの問題解決を先行的に提案する差別化にシフトしたのである。

◆**拡張志向のマーケティング戦略**

これは市場の国際化によって国内外市場の価格や技術の優位性をめぐる競争が激しくなったことと情報技術の発達によってインターネットを使った市場拡張の技術的可能性が広がったことが影響している。

この拡張志向のマーケティング戦略では，選択と集中と言われるような

第 11 章　これからの生産財マーケティング

　事業分野の絞り込みを行い，さらに製品についても，できるかぎり個別顧客のカスタマイズ需要には対応せず，標準モデルを顧客に提供することが基本となる。そのために個々の顧客適応を行う関係志向のマーケティング戦略とは対照的な戦略となる。

　このように事業の絞り込みや標準モデル化を志向する 1 つの理由は，製品当たりの生産規模を大きくするためである。それはまず，生産ラインにおける規模の経済性によって生産コストを引き下げ，製品の低価格化を実現できる。また，その製品に使われる部品や原材料についても共通化できるので，これらのコストも引き下げることが可能となる。さらに，事業分野を絞り込むことで，技術開発への投資や努力を集中させ，技術力を高めることができれば，技術優位を形成することもできる。

　そして，達成される低価格や製品技術に基づいて，国際市場やインターネットによる広範な市場での競争優位を構築し，市場シェアを獲得することが重要となるのである。とくにインターネットを利用した販促や販売では，情報の比較が容易なために低価格や明確な技術力が重要であると同時に，トップシェアを獲得して，需要者から情報を探索されやすい地位を占めることも必要となる。

　したがって，この戦略のもとでは，シェアにおいて優位な企業ほど経済性を達成し，技術力を高め，需要者からの注文を集めやすいために，「勝者がすべてを取る」（winner-take-all）市場になりやすく，市場シェアで下位の企業は存続できないことになる。この特徴は，顧客を囲い込めば下位の企業でも存続できる関係志向の戦略とは大きく異なる点である。

　なお，大きな技術革新が発生すれば，それまでに構築されていたコスト優位や技術優位の基盤が崩れる可能性もあるが，その場合でも，トップシェアを獲得していることは，市場地位の逆転を回避しやすい条件となる。それは，高い収益力から技術開発に対してより多くの投資を行うことができるうえに，その製品で利用される部品や原材料のメーカーで技術革新が発生した場合，販売規模への期待から最初に提案されやすいため，その技

術革新を他社よりも利用しやすい地位にあるからである。

◆マルチプル・リレーションシップ戦略

これまで述べてきたように近年の環境変化は、関係志向と拡張志向という2つの対照的な戦略の有効性や可能性を規定している。ただし、この2つの戦略は対照的であるために、特定顧客についての取引関係に対して、どちらかを選択することが要求される。すなわち、関係志向の戦略を選択すれば、職能横断的な営業体制で、製品やサービスのカスタマイズで特定顧客との信頼関係を発展させることをめざすのに対し、拡張志向の戦略を選択すれば、そのようなカスタマイズした製品やサービスを少なくして、価格競争力や技術力を高めて、市場シェアを大きくすることが重視される。

また、顧客のタイプによって、個々の顧客に適応することと共通の対応をすることとを使い分けることは、前者の顧客適応が後者の規模を追求することへの制約となるために、一般的に合理的ではないとされてきた。

しかし、近年の環境変化による影響で、特定少数の顧客に対しては関係志向の戦略、その他の多数の顧客に対しては拡張志向の戦略を並行的に採用することが有効となる場合も発生している。このように顧客のタイプによって関係性（リレーションシップ）のレベルの異なる2種類の戦略を並行して採用する戦略をマルチプル・リレーションシップ戦略というが、このマルチプル・リレーションシップ戦略が選択可能な場合というのは、この戦略がどちらか一方だけを追求することよりも有利な場合である。そして、製品の変化、市場の国際化、情報技術の発達という環境要因から、マルチプル・リレーションシップ戦略の選択可能性が大きくなっていると考えられる。

まず、製品のハイテク化・サービス化にともない重要顧客のカスタマイズに対するニーズが一層強まり、情報技術を使ってそのニーズに応えられるようになる一方で、市場の国際化やインターネットの利用によってアクセスできる市場規模が拡大したために、それぞれの市場機会を追求するメ

第 11 章　これからの生産財マーケティング

リットが拡大したと言えるだろう。たとえば，従来，関係志向の戦略を採用してきた企業が，インターネットという販売チャネルが使えるようになり，国内外の新規顧客を開拓できるようになっている。また逆に，これまで拡張志向の戦略をとってきた企業が，情報技術を使って，既存の重要顧客から直接的に情報を収集できるようになる形で，マルチプル・リレーションシップ戦略が展開されるのである。

さらに，情報技術の発達に基づいて生産や開発における情報処理能力が高くなったために，カスタマイズ製品と標準品の2つの異なる注文情報に対して，柔軟かつ効率的に対応することができるようになったことも影響している。すなわち，以前ならば，2つのシステムを並存させることはメリットがないばかりか，むしろ組織内における混乱を招き，非効率さの原因となっていたのに対し，情報化・自動化の技術導入によって，効率的な処理が可能になったのである。

しかも，関係志向の戦略と拡張志向の戦略との間にシナジー効果が期待される場合には，マルチプル・リレーションシップ戦略がますます選択されやすくなる。たとえば，関係志向の戦略において重要な顧客から得た需要情報に基づいて技術開発が行われ，そこで蓄積された技術力が，拡張志向の戦略における製品開発にも展開され，市場シェアの獲得に貢献するということが考えられる。他方で，拡張志向の戦略で達成される販売規模から規模の経済性が得られ，関係志向の戦略においても，重要顧客に対して価格上の優位性を訴求できることも予想される。

ただし，このマルチプル・リレーションシップ戦略を展開するためには，組織の問題を克服することが条件となる。それは特定顧客を担当する関係志向の組織（事業部や営業部門）と広範な市場開拓を志向する拡張志向の組織との間で，経営資源をめぐるコンフリクトが発生する場合には，マルチプル・リレーションシップ戦略によるシナジー効果を期待することはできないためである。

3 環境変化と生産財マーケティング論

　これまでに述べてきたように近年の環境変化は，それに対応するマーケティング戦略を企業に求めている。さらにこのことは，生産財マーケティング論の理論展開にも大きな影響を与えるものと予想される。

◆関係志向に基づく関係性マーケティング論への展開

　製品のハイテク化やサービス化とカスタマイズなどでの情報処理技術の導入は，企業に関係志向のマーケティング戦略やそれを取り入れたマルチプル・リレーションシップ戦略の選択を促すことになった。そして，これらの戦略への関心を背景として，マーケティング論では関係性マーケティング論が展開・蓄積されるようになったのである。

　もともと消費財マーケティングの場合には，不特定多数の消費者を働きかけの対象として，消費者が情緒的な反応を示すために，ポジショニングやセグメンテーションの概念を用いて市場を分析することや消費者行動論を基礎として不特定多数の消費者の選好を分析する理論が発達してきた。また，消費財メーカーは，競争優位を形成するために，この市場の分析の精度を上げることやその分析に基づいて計画を立てて，その計画どおりに社員が行動するように管理することを重視してきた。そのため，マーケティング論では市場分析，計画，管理の理論が蓄積されてきたのである。

　それに対して，生産財の場合には，顧客が産業によってある程度特定されるうえに，取引の継続性や相互依存性があるために，市場の分析よりもむしろ特定顧客との取引関係の分析に比重が置かれやすいという特徴がある。しかも，関係志向の戦略においては，その特徴がますます強調されるために，特定顧客との取引関係を考察する関係性マーケティング論の展開が促されるのである。

第11章 これからの生産財マーケティング

　このように特定顧客との継続的で相互依存的な取引関係において顧客需要を分析するためには，分析手法の巧拙よりも，顧客の情報を収集できる条件として，顧客との緊密な関係を構築することが重要になる。すなわち，市場分析よりも顧客との間で情報を共有できるようなパートナーシップを構築することが，戦略的にも理論的にも重視されるようになるのである。

　また，マーケティングの計画や管理においても，顧客との間で相互依存的に戦略は揺れ動くために，事前に立てた計画とその管理だけでは顧客の需要をとらえることはできず，顧客に対して柔軟に対応できることも重要となる。それは，マーケティング理論として，2つのことを要求する。1つは，顧客需要に柔軟に対応できる体制としての組織の問題を視野に収めることであり，もう1つは，顧客への対応が営業部門やマーケティング部門だけでなく，開発部門や生産部門，顧客サービス部門の業務にも及ぶために，職能横断的な顧客適応の理論が必要とされることである。

◆拡張志向に基づくビジネス・モデル論への展開

　市場の国際化とインターネットによる市場拡張の可能性は，生産財メーカーに拡張性重視のマーケティング戦略やそれを取り入れたマルチプル・リレーションシップ戦略の展開をもたらした。このような戦略の展開は，生産財マーケティング論におけるビジネス・モデルへの関心を強める1つの要因になっている。

　たとえば，生産財メーカーにとっての部品・原材料の調達問題を考えてみよう。そもそも生産財メーカーに限らず，利用する部品や原材料は，特定の供給業者とのパートナーシップを形成して，安定的に調達することが一般的であり，しかも，部品・原材料の調達問題は，販売局面のマーケティング問題とは切り離されて議論されることが多かった。

　しかし，拡張志向の生産財マーケティング戦略は，販売市場が国際化したり，インターネット市場となったり，あるいは，海外企業と否応なく競争に巻き込まれたりするなかで展開されることになる。そのような状況で

3 環境変化と生産財マーケティング論

> **Column ⑦　サプライチェーン・マネジメント**
>
> 　サプライチェーン・マネジメントと呼ばれる概念は，従来，完成品メーカー，部品サプライヤー，流通業者といった各企業が一企業内で管理してきた物流機能を，企業間の枠を超えて垂直的に統合し，管理していこうとする考え方である。調達物流と販売物流を一企業内で統合し効率化をめざすのがロジスティクスといわれる概念であるが，サプライチェーン・マネジメントは，それをさらに企業間の統合的ロジスティクスとして発展させるものであった。
> 　ロジスティクスの目標は，商品の適時適量の配送にあるが，需要の不確実性に対しては，従来，在庫がバッファーとしてリスクを吸収する役割を果たしてきた。しかも，チャネル構成員の各企業において，市場の不確実性から生じる売れ残りリスクを他企業に在庫リスクとして転嫁するということがしばしば行われてきたのである。
> 　しかし，そのような在庫リスクの転嫁では，全体としての最適化・効率化が達成できないため，各企業が在庫をできるだけもたないような統合的で効率的な在庫管理がめざされることとなった。すなわち，生産財メーカー，完成品メーカー，流通業者は，拡張されたチャネルの構成員として，共同して在庫管理の目標達成をめざすことになり，その目標として，タイムリーな部品や原材料の供給による調達在庫量の削減，在庫配置計画を通じた多様な注文に対する迅速な配送対応といったことを挙げ，情報システムを利用した効率的な供給連鎖（サプライチェーン）の仕組みを形成することがめざされている。

は，圧倒的なコスト優位や技術優位が国際市場やインターネット市場における潜在顧客を開拓するための条件となり，国際的でオープンな調達戦略を展開することで，価格や技術における優位性を確保することが必要となる。すなわち，価格や技術力をめぐる販売市場での競争の激化から，調達局面を視野に入れたマーケティング戦略を考えることが重要となり，調達局面を巻き込むことでコスト優位や技術優位の製品戦略の可能性が広がることになる。

　また，情報技術の発達は，販売・開発・生産におけるプロセス革新やサ

第 11 章　これからの生産財マーケティング

プライチェーン・マネジメントを進化させたが，拡張志向の生産財マーケティング戦略においては，これらも低コスト化の条件となることが多い。たとえば，開発・生産局面における情報システムの導入と国際的なネットワーク化は，より効率的な開発や生産を実現させることで，企業のコスト優位を形成する条件となっているのである。

　このことは，マーケティング戦略において，国際的な開発と生産のネットワークの問題が深く関わることであり，マーケティング戦略を考えるうえでも，新たなビジネス・モデルとしてのプロセス革新やサプライチェーン・マネジメントの知識が必要となることを意味している。

演習問題

1　製品のサービス化に対応したマーケティング戦略を展開する生産財企業の事例を1つ取り上げて，その戦略の有効性と課題を分析しなさい。

2　販売市場の国際化に対応したマーケティング戦略の具体的な内容を事例に基づいて説明しなさい。

3　企業間取引における情報技術の導入が取引慣行にどのような影響を与えるのかを具体的な事例に基づいて説明しなさい。

4　事業の選択と集中が有効に行われた生産財企業の事例を1つ取り上げて，その成功要因を分析しなさい。

5　生産財マーケティングにおける関係志向と拡張志向は，今後どのように戦略的に選択・実行されるべきか，具体的な事例を取り上げ，検討しなさい。

参考文献一覧

◆生産財マーケティングを学ぶための参考文献

Anderson, James C., and James A. Narus（2004）*Business Market Management: Understanding, Creating, and Delivering Value*, 2nd ed., Pearson Education.

Cranfield School of Management（ed.）（2000）*Marketing Management: A Relationship Marketing Perspective*, Palgrave Macmillan.

Ford, David（ed.）（1990）*Understanding Business Markets: Interaction, Relationships and Networks*, Academic Press.

Ford, David, Lars-Erik Gadde, Håkan Håkansson, Anders Lundgren, Ivan Snehota, Peter Turnbull, and David Wilson（1998）*Managing Business Relationships*, John Wiley & Sons.（小宮路雅博訳『リレーションシップ・マネジメント――ビジネス・マーケットにおける関係性管理と戦略』白桃書房，2001年）

Ford, David, Pierre Berthon, Stephen Brown, Lars-Erik Gadde, Håkan Håkansson, Peter Naudé, Thomas Ritter, Ivan Snehota（2002）*The Business Marketing Course: Managing in Complex Network*, John Wiley & Sons.

Håkansson, Håkan（ed.）（1982）*International Marketing and Purchasing of Industrial Goods: An Interaction Approach*, John Wiley & Sons.

Hart, Norman A.（ed.）（1994）*Effective Industrial Marketing: Business-to-Business Marketing of Goods and Services*, Kogan Page.

南知恵子（2005）『リレーションシップ・マーケティング――企業間における関係管理と資源移転』千倉書房。

Payne, Adrian（ed.）（1995）*Advances in Relationship Marketing*, Kogan Page.

高嶋克義（1998）『生産財の取引戦略――顧客適応と標準化』千倉書房。

Webster, Frederick E. Jr., and Yoram Wind（1972 a）*Organizational Buying Behavior*, Prentice-Hall.

Webster, Frederick E. Jr.（1991）*Industrial Marketing Strategy*, 3rd ed., John Wiley & Sons.

余田拓郎（2000）『カスタマー・リレーションの戦略論理――産業財マーケティング再考』白桃書房。

◆本書の主要な参考文献

Anderson, Erin, and Richard L. Oliver (1987) "Perspectives on Behavior-Based versus Outcome-Based Salesforce Control Systems," *Journal of Marketing*, 51 (4), pp. 76-88.

Anderson, Erin, Wujin Chu, and Barton Weitz (1987) "Industrial Purchasing: An Empirical Exploration of the Buyclass Framework," *Journal of Marketing*, 51(3), pp.71-86.

Anderson, James C., Håkan Håkansson, and Jan Johnson (1994) "Dyadic Relationships within a Business Network Context," *Journal of Marketing*, 58(4), pp. 1-15.

Bonoma, Thomas. V., and Gerald Zaltman (eds.) (1978) *Organizational Buying Behavior*, American Marketing Association.

Cardozo, Richard N. (1968) "Segmenting the Industrial Market," Robert L. King (ed.), *Marketing and the New Science of Planning*, American Marketing Association, pp. 433-440.

Choffray, Jean-Marie, and Gary L. Lilien (1978) "Assessing Response to Industrial Marketing Strategy," *Journal of Marketing*, 42(2), pp. 20-31.

Christensen, Clayton M. (1977) *The Innovator's Dilemma: When New Technologies Cause Great Firms to Fail,* Harvard Business School Press.（伊豆原弓訳『イノベーションのジレンマ――技術革新が巨大企業を滅ぼすとき』翔泳社，2000年）

Corey, E. Raymond, Frank V. Cespedes, and V. Kasturi Rangan (1989) *Going to Market: Distribution Systems for Industrial Products*, Harvard Business School Press.

Håkansson, Håkan (1980) "Marketing Strategies in Industrial Markets: A Framework Applied to a Steel Producer," *European Journal of Marketing*, 14(5-6), pp. 365-377.

Hanssens, Dominique M., and Bart A. Weitz (1980) "The Effectiveness of Industrial Print Advertisements across Product Categories," *Journal of Marketing Research*, 17(3), pp. 294-306.

Industrial Marketing Committee Review Board (1954) "Fundamental Differences between Industrial and Consumer Marketing," *Journal of Marketing*, 19(4), pp. 152-158.

Jackson, Barbara, Bund (1985) "Build Customer Relationships That Last," *Harvard Business Review*, Nov./Dec., pp. 120-128.

Johnston, Wesley J., and Thomas V. Bonoma (1981) "The Buying Center: Structure and Interaction Patterns," *Journal of Marketing*, 45(3), pp. 36-42.

小林哲・南知惠子編 (2004)『流通・営業戦略 (現代のマーケティング戦略③)』有斐閣。

松尾睦・早川勝夫・髙嶋克義 (2011)「改善志向の営業プロセス管理――日本ベーリンガーインゲルハイムの事例」『マーケティング・ジャーナル』第119号。

南知惠子 (2006)『顧客リレーションシップ戦略』有斐閣。

Moon, Mark A., and Gary M. Armstrong (1994) "Selling Teams: A Conceptual Framework and Research Agenda," *Journal of Personal Selling and Sales Management*, 14(1), pp. 17-30.

Moriarty, Rowland T. (1983) *Industrial Buying Behavior: Concepts, Issues, and Applications*, Lexington Books.

Pfeffer, Jeffrey and Gerald R. Salancik (1978) *The External Control of Organizations: A Resource Dependence Perspective*, Harper & Row.

Porter, Michael E. (1985) *Competitive Advantage: Creating and Sustaining Superior Performance*, Free Press. (土岐坤ほか訳『競争優位の戦略――いかに好業績を持続させるか』ダイヤモンド社,1985年)

Robinson, Patrick J. (1968) "Some Alternative Approaches to Modeling and Evaluating Industrial Marketing Strategies," Robert L. King (ed.) *Marketing and the New Science of Planning*, American Marketing Association, pp. 273-283.

Robinson, Patrick J., Charles W. Faris, and Yoram Wind (1967) *Industrial Buying and Creative Marketing*, Allyn & Bacon.

Sheth, Jagdish N. (1973) "A Model of Industrial Buyer Behavior," *Journal of Marketing*, 37(4), pp. 50-56.

Sheth, Jagdish N., Rajendra S. Sisodia, and Arun Sharma (2000) "The Antecedents and Consequences of Customer-Centric Marketing," *Journal of the Academy of Marketing Science*, 28(1), pp. 55-66.

Spekman, Robert E., and Louis W. Stern (1979) "Environmental Uncertainty and Buying Group Structure: An Empirical Investigation," *Journal of Marketing*, 43(2), pp. 54-64.

高嶋克義 (2002)『営業プロセス・イノベーション——市場志向のコミュニケーション改革』有斐閣。

高嶋克義 (2005)『営業改革のビジョン——失敗例から導く成功へのカギ』光文社新書。

Turnbull, Peter W., and Malcolm T. Cunningham (eds.) (1981) *International Marketing and Purchasing: A Survey among Marketing and Purchasing Executives in Five European Countries*, Macmillan Press. (山田晃久訳 『国際マーケティング——ヨーロッパ企業の行動特性と戦略』白桃書房, 1985年)

Webster, Frederick E. Jr., and Yoram Wind (1972 b) "A General Model of Organizational Buying Behavior," *Journal of Marketing*, 36(2), pp. 12-19.

Williamson, Oliver E. (1975) *Markets and Hierarchies: Analysis and Antitrust Implication*, Free Press. (浅沼萬里・岩崎晃訳 『市場と企業組織』日本評論社, 1980年)

索　引

● アルファベット

BCG（ボストン・コンサルティング・
　　グループ）　95
BtoB マーケティング　1, 2
CAD（コンピュータ支援設計）　187
CRM（顧客関係管理）　135
QCD　18
SFA（営業支援システム）　135
TOTO（東陶機器）　171
win-win の関係　59, 182

● あ　行

アウトプット管理　118, 119, 121, 138
アフターフォロー　116
アンダーソン（Anderson, E.）　120,
　　122, 139
依存回避戦略　73
依存形成戦略　77, 182, 183
依存成長戦略　75, 182, 183, 189
依存のスパイラル　67, 71
イノベーションのジレンマ　102
インダストリアル・マーケティング　1
インターネット　158, 159, 160, 176,
　　186, 187
ウィンド（Wind, Y.）　23, 25
ウェブスター（Webster, F. E.）　25
営　業　113
営業活動　113
営業管理様式　118
　　拡張志向の——　133
　　関係志向の——　130

営業効率　115
営業支援システム（SFA）　135
営業組織　123
　　——の水平的な拡張　124
　　拡張志向の——　134
　　関係志向の——　131
営業体制　117, 128
　　拡張志向の——　129, 132, 133
　　関係志向の——　129, 130, 131
営業担当者　33
営業プロセス　114
　　——の設計　117, 125
　　——の特徴　118
営業プロセス革新　135
　　——の改善効果　137, 138
　　——の連携効果　138
営業プロセス知識　120
延　期　85
延期 - 投機モデル　85
オリバー（Oliver, R. L.）　120, 122,
　　139

● か　行

開発のリスク　49
価格競争　106, 126, 177
学習効果　105
拡張志向　128, 129
　　——の営業管理様式　133
　　——の営業組織　134
　　——の営業体制　129, 132, 133
　　——の生産財マーケティング戦略
　　194, 196
　　——のマーケティング戦略　189

201

カスタマイズ製品　20
カスタマイゼーション　79, 80, 89
　——の比率　82
カタログ　155
金のなる木　96
関係志向　128, 129
　——の営業管理様式　130
　——の営業組織　131
　——の営業体制　129, 130, 131
　——のマーケティング戦略　188
関係性マーケティング論　193
関係ベースの情報収集　98, 101
間接流通　164, 166, 167
機会主義的な行動　50
機械・設備　4
規模の経済性　104, 124
競争的な購買手続き　75
協調的購買戦略　76
協調的な購買手続き　75
業務用供給品　4
クラン　122
経験効果　105
継続性　6, 19, 20, 47
系列取引　20, 60, 63, 183
原材料　4
広　告　151
　——のコンセンサス効果　152
　——の事前効果　152
　——の問い合わせ効果　152
　生産財の——　151, 152
行動特性変数　39
購買意思決定モデル　23, 24, 25
購買依存度　61
購買状況モデル　26
購買センター　23, 27
合目的性　5, 18, 48
顧客開発戦略　103, 108, 109
顧客関係管理（CRM）　135
顧客サービス活動　174

顧客需要情報の収集能力　87
顧客生涯価値　43
顧客調整戦略　103, 110, 111
顧客適応　66, 79
　——の組織的な能力　86
　——のレベル　82
顧客適応戦略　91
顧客特定的資産　80
国内市場における海外企業との競争　185
コストリーダーシップ戦略　103
コンタクト21　171
コンピュータ支援設計（CAD）　187
コンフリクト　27
　——の解決方法　29

● さ　行

再購買　26
サイコグラフィック特性　41
サービス　5
サプライチェーン・マネジメント　195
サランシック（Salancik, G. R.）　56
産業財マーケティング　1
産業ライフサイクル　65, 181, 188
シェス（Sheth, J. N.）　24
資源依存理論　56
市場セグメンテーション　34, 35, 37
　——の基準　41
市場専門化戦略　36
市場と関係の視点　13
市場の国際化　184, 186
市場の成長性　42
市場のリスク　49
市場分析　31, 32
市場ベースの情報収集　98
資本財　3
修正再購買　26

索　引

集中戦略　103
重要顧客　43, 89, 91
　　――向けの製品開発　68
重要顧客管理　43
受注生産　20, 79, 80, 89
　　――の比率　84
需要情報の吸引力　99
勝者がすべてを取る市場　190
消費財のチャネル　164
消費財マーケティング活動のプロセス　10
情報依存度　63
情報技術を導入した生産システム　187
職能横断的な連携　184
新規購買　26
新規市場向けの製品開発　72
新製品開発　94, 103
　　革新的な――　107
信頼関係　101
　　組織的な――　53
　　パーソナルな――　53
スクラム型取引　10
スター　96
生産財　2, 3
　　――の広告　151, 152
　　――の広告計画　152
　　――の購買意思決定　22, 23, 41, 150
　　――の購買行動の特徴　24
　　――の購買行動分析　18
　　――の需要者　155
　　――の多様性　14
　　――のチャネル　164
　　――のチャネル構築　166
　　――の評価基準　18
生産財取引　5
生産財マーケティング　1, 3
生産財マーケティング活動のプロセス　11
生産財マーケティング論　15
生産財メーカーの戦略選択　183, 184
成熟期のマーケティング戦略　181
製品開発戦略　103, 106, 107
製品差別化　106
製品差別化戦略　103
製品専門化戦略　36
製品ライフサイクル　94, 169
セグメント　34
　　――の計測可能性　41
　　――の行為可能性　42
　　――の実効性　41, 42
セールス・プロモーション　154
潜在顧客　17, 32
潜在需要の情報　53
選択的専門化戦略　36
選択と集中　90, 105, 186, 189
戦略的パートナーシップ　48, 49, 52, 54, 59, 91, 110, 181, 186
相互依存性　8, 20, 48, 79
組織性　9, 21, 48, 80
組織的な信頼関係　53
ソリューション・ビジネス　44

● た　行

ダイアディックな関係　54
代理店チャネル　126
ダイレクトメール　155
単一セグメント集中化戦略　36
チャネル　163
チャネル管理　163
チャネル構築　163
チャネル選択　170, 175
チャネル戦略　163, 173, 174
調達市場の国際化　185
直接流通　164
低価格戦略　103, 104

203

データベース　　141
デモグラフィック特性　　41
デモグラフィック変数　　38
展示会　　156
電子商取引　　158, 159, 176, 177
投機　　85
東陶機器（TOTO）　　171
特定顧客　　18
飛び込み営業　　114
取引依存度　　61
取引費用　　50, 51, 76, 130, 170

● な　行

ニッチ市場　　42
日本 IBM　　44
日本ベーリンガーインゲルハイム　　144
ぬるま湯状態　　52
ネットワーク関係　　55

● は　行

バイクラス・モデル　　26
パーソナルな信頼関係　　53
パレートの法則　　42
パワー　　28
販売依存度　　61
販売市場の国際化　　185
販売チャネル　　163
パンフレット　　155
ビジネス・マーケティング　　1, 2
標準品対応　　80
標準化戦略　　90, 92
ファリス（Faris, C. W.）　　23
フェッファー（Pfeffer, J.）　　56
複合的チャネル戦略　　172

物流チャネル　　164
物流問題　　172
部　品　　3
部門間連携　　127, 128
プロセス管理　　118, 119, 120, 122, 138, 142
　　改善志向の――　　139
分化型マーケティング戦略　　36
ホーカンソン（Håkansson, H.）　　103
ボストン・コンサルティング・グループ（BCG）　　95
ポーター（Porter, M. E.）　　103
ポートフォリオ・マトリックス　　96

● ま　行

マーケティング・リサーチ方法　　33
マス・カスタマイゼーション　　88
マルチプル・リレーションシップ戦略　　132, 191, 192
見込み生産　　81
　　――の比率　　84
問題児　　96

● や，ら行

優良顧客　　43
リモデルクラブ　　171
流通業者との対立問題　　177
流通業者とのパートナーシップ　　169, 170, 172
流通チャネル　　163
連携効果　　140
ロジスティクス　　195
ロビンソン（Robinson, P. J.）　　23

◆著者紹介

高嶋　克義（たかしま　かつよし）

1982 年　京都大学経済学部卒業
1984 年　神戸大学大学院経営学研究科博士前期課程修了
1987 年　同研究科博士後期課程単位取得
現　在　追手門学院大学経営学部教授，神戸大学名誉教授，博士（商学）

〈主　著〉
『入門・消費者行動論』（共著）有斐閣，2024 年。『小売経営論』（共著）有斐閣，2020 年。『小売企業の基盤強化』有斐閣，2015 年。『現代マーケティング論』（共著）有斐閣，2008 年。『営業改革のビジョン』光文社，2005 年。『現代商業学』有斐閣，2002 年（新版，2012 年）。『営業プロセス・イノベーション』有斐閣，2002 年。『生産財の取引戦略』千倉書房，1998 年。『マーケティング・チャネル組織論』千倉書房，1994 年。

南　知恵子（みなみ　ちえこ）

1984 年　神戸大学文学部卒業
1988 年　ミシガン州立大学大学院コミュニケーション研究科修士課程修了
1993 年　神戸大学大学院経営学研究科博士後期課程退学
現　在　椙山女学園大学現代マネジメント学部教授，神戸大学名誉教授，博士（商学）

〈主　著〉
『「製造業のサービス化」戦略』（共著）中央経済社，2017 年。『サービス・イノベーション』（共著）有斐閣，2014 年。『マーケティング』（共著）有斐閣，2010 年。『顧客リレーションシップ戦略』有斐閣，2006 年。『リレーションシップ・マーケティング』千倉書房，2005 年。『流通・営業戦略』（共編）有斐閣，2004 年。『ギフト・マーケティング』千倉書房，1998 年。

生産財マーケティング
Industrial Marketing

2006 年 11 月 20 日　初版第 1 刷発行
2025 年 6 月 10 日　初版第 7 刷発行

著　者　　高　嶋　克　義
　　　　　南　知　恵　子
発行者　　江　草　貞　治

〔101-0051〕東京都千代田区神田神保町 2-17
発行所　株式会社　有　斐　閣
https://www.yuhikaku.co.jp/

組版・BIKOH／印刷・萩原印刷株式会社／製本・牧製本印刷株式会社
© 2006, Katsuyoshi TAKASHIMA, Chieko MINAMI. Printed in Japan
落丁・乱丁本はお取替えいたします。
★定価はカバーに表示してあります。
ISBN 4-641-16284-0

JCOPY　本書の無断複写（コピー）は，著作権法上での例外を除き，禁じられています。複写される場合は，そのつど事前に（一社）出版者著作権管理機構（電話03-5244-5088，FAX03-5244-5089, e-mail:info@jcopy.or.jp）の許諾を得てください。